Josef Mayerhofer

Die schönsten Radtouren zwischen Isar, Inn und Donau

Josef Mayerhofer

Die schönsten Radtouren zwischen Isar, Inn und Donau

Titelfotos/Fotos: Transglobe, Hamburg; Fritz Mader, Barsbüttel; Michael Bollschweiler, Steinhagen; Wolfgang Bäumer, Bielefeld;
Josef Mayerhofer, Pfarrkirchen
Herstellung: Klingenberg Buchkunst Leipzig
ISBN: 3-87073-209-1

Inhalt

Einleitung

Die heutige niederbayerische Kulturlandschaft hat eine lange Geschichte hinter sich. Sie entstand aus einer waldreichen Urlandschaft, die Zug um Zug durch die bäuerliche Landnutzung überprägt wurde. Der auffällige Streusiedlungs-Charakter hat sich aus einer „Hof-um-Hof-Rodungstechnik" entwickelt, die in mehreren Wellen den Wald auf einen Anteil von nurmehr 25 % zurückdrängte.

Die letzten 100 Millionen Jahre **Landschafts- und Besiedelungsgeschichte** – alles Ältere wurde „verwischt" – lassen sich im Zeitraffer für Niederbayern ungefähr so darstellen: Der Bayerische Wald stieg vor etwa 100 Millionen Jahren in die Höhe, die Alpen folgten vor 60 Millionen Jahren. Beide Gebirgszüge lieferten reichlich Abtragungsschutt, genug um ein riesiges Bekken dazwischen – den „Molassetrog" – aufzufüllen. Das begann im Zeitalter des Tertiär vor rund 35 Millionen Jahren. Das Molassebecken wurde abwechselnd von eindringendem Meerwasser überdeckt (Ablagerung von „Meeresmolasse") und anschließend wieder von den Gebirgsflüssen durchzogen (Ablagerung von „Süßwassermolasse"). Zu einer Zeit, als sich der Molassetrog gerade einmal wieder anhob und das Meerwasser zurückweichen mußte, entstand das harte Quarzkonglomerat, eine Art „Naturbeton" (vor 12,5 Mio. Jahren). Zum Ende des Tertiär – 5 bis 2 Millionen Jahre vor heute – suchten sich die großen Flüsse Donau, Isar und Inn ihr heutiges Bett; etwas später wohl auch Vils und Rott.

So richtig herausmodelliert wurde das Hügelland aber erst während der folgenden vier Eiszeiten, also vor rund 500.000 bis 20.000 Jahren. Da das Land wegen der extremen Kälte kaum bewachsen war – es herrschte Tundrenklima –, konnten sich die Bäche in den wenigen Sommermonaten tief ins Gelände einschneiden. Der Wind hatte mit dem wehrlosen Boden ebenfalls leichtes Spiel und blies die oberflächlichen Bodenteilchen von den Kuppen und Ebenen weg. Im Windschatten der Osthänge wurden die feinen Partikel wieder abgelagert: So entstand der ertragreiche Lößboden. Am Ende jeder der vier Eiszeiten ergossen sich gigantische Schmelzwassermengen in die Täler und bügelten die Landschaft glatt, formten so die weiten Flußtäler von Isar, Inn und Donau.

Nach der letzten Eiszeit, vor gut 12.000 Jahren, eroberte der Wald wieder das Land – erst mit Birke, Kiefer und Hasel, dann auch mit Buche und Eiche. Vor 7.000 Jahren kamen erstmals Siedler in das Gebiet des heutigen Gäubodens und rodeten die ersten Lücken in den dichten Urwald.

LANDAU
1
5
1
DINGOLFING
1
4
3
LANDSHUT
FALKENBERG
EGGENFELDEN
NEUMARKT-
ST. VEIT
2
14
MÜHLDORF
14
ALTÖTTING
WALD-
KRAIBURG
BURGKIRCHEN

DEGGENDORF
6
PLATTLING
1
OSTERHOFEN
7
EICHENDORF
VILSHOFEN
PASSAU
8
ARNSTORF
ORTENBURG
FÜRSTENZELL
DIETERSBURG
9
2
SCHÄRDING
2
10
PFARR-
KIRCHEN
GRIESBACH
i. Rottal
2
POCKING
12
11
ROTTHAL-
MÜNSTER
WITTIBREUT
SIMBACH
MARKTL
BRAUNAU
13
BURG-
HAUSEN

Vor 2.500 Jahren übernahmen die Kelten die Herrschaft und perfektionierten die Eisenherstellung. Die Römer kamen schließlich vor 2.000 Jahren und bauten entlang der Donau einen wehrhaften Verteidigungsring auf. Doch auch sie mußten nach 500 Jahren vorzeitig die Koffer packen, denn die ständig einfallenden Alemannen setzten ihnen mächtig zu. Auch die Alemannen blieben nicht, und so war das Land vorübergehend „unterbesiedelt".

Das war die Stunde der Bajuwaren, deren Stammesbildung im 6. und 7. Jahrhundert erfolgte: Die umliegenden Volksstämme kamen langsam ins Land gezogen und verschmolzen zu einem neuen Völkergemisch, eben den Bajuwaren. Wenig später folgten die Missionare, und es wurden die ersten „Urklöster" gegründet, so in Metten und Niederalteich. Die dortigen Mönche hatten sich zur Aufgabe gemacht, das „wilde Land" zu kultivieren. Ackerbau und Viehzucht wurden ständig verbessert, immer mehr Wald wurde gerodet. Die niederbayerische Streusiedlungs-Struktur ist letztlich das Ergebnis dieser unzähligen Einzelrodungen. Sie prägt bis heute das Landschaftsbild. Die letzte Völkerwanderung begann erst vor rund 20 Jahren, als plötzlich die Städter und Preußen das Land entdeckten. Aber das wäre wieder eine andere Geschichte ...

Hinweise für Tourenfahrten

Sie werden es schon gemerkt haben, daß man beim Radeln gehörig ins Schwitzen kommen kann. Sie sollten deshalb funktionelle Radlerkleidung tragen und immer 1 bis 2 Liter Wasser einpacken. Natürlich führen Sie regelmäßig einen Fahrradcheck durch (Bremsen, Schaltung, Licht, Schrauben, Muttern etc.). Bei mir hat sich für die Notausrüstung (Reiseapotheke, Wechselwäsche, Ersatzteile, Werkzeug, Fotoapparat, Proviant) ein kleiner Wanderrucksack bewährt, den ich mit 3 Spanngummis am Gepäckträger befestige. So kann ich jederzeit den Rucksack auf den Rükken schnallen, wenn ich zwischendurch Lust auf eine kurze Wanderung oder Besichtigung verspüre.

Vergessen Sie auch bitte nicht, regelmäßig ihre Bauch-, Bein- und Wadenmuskulatur zu strecken, denn diese wird beim Radeln sehr einseitig beansprucht.

Ein Tip zum **Kartenmaterial:** Auch wenn sie für die beschriebenen Routen nicht notwendig ist, eine gute Karte ist immer nützlich, besonders für Abkürzungen oder zusätzliche Schleifen. Ich bevorzuge generell die topographischen Karten vom Bayerischen Landesvermessungsamt; unser Gebiet ist auf 6 Blättern im Maßstab 1 : 100.000 dargestellt: C 7142

Deggendorf, C 7538 Landshut, C 7542 Pfarrkirchen, C 7546 Passau, C 7938 Mühldorf a. Inn und C 7942 Burghausen. Fast jeder Landkreis hat außerdem eigenes Kartenmaterial im Angebot, meist mit zusätzlichen touristischen Angaben. Wer sich schon im Gebiet auskennt, kommt auch mit den ADFC-Radtourenkarten 1 : 150.000 zurecht, die ja auf den amtlichen topographischen Karten 1 : 200.000 beruhen. Zudem braucht man nur die beiden Blätter 23 Bayerischer Wald/Donau und 27 Chiemsee/Inn/Salzkammergut, die mit ihrem großen Blattschnitt viele weitere Möglichkeiten aufzeigen. Hinzu kommt für die beiden am weitesten südlich gelegenen Touren 13 und 14 die ADFC-Regionalkarte 1 : 75.000 Chiemgau.

Zu sämtlichen Startpunkten kommt man mit der **Bahn**! Landshut wird aus Richtung München und Regensburg (Linie 930) sowohl von zweistündlich abfahrenden Regionalexpreß- als auch Interregio-Zügen regelmäßig innerhalb gut 40 Minuten erreicht. Der Stadtexpreß (SE) München–Landshut braucht eine Stunde, fährt in etwa 45 Minuten weiter bis Plattling (931), hält an allen Bahnhöfen. Im beinahe regelmäßigen Stundentakt von frühmorgens bis spätabends verkehren Regionalzüge auf der Linie 905 Bayerisch Eisenstein–Deggendorf–Plattling (Waldbahn). Die Strecke 931 München–Landshut–Plattling–Passau wird zudem zweistündlich von Stadtexpreß-Zügen bedient. Und zwischen Plattling und Passau nehmen sogar Züge des Fernverkehrs Fahrräder mit, worauf man sich allerdings nicht verlassen sollte, weil dort Voranmeldung nötig ist. Weiter im Süden ist der „Linienstern Mühldorf" von Belang: Von München (940) her bis Mühldorf gilt der Stundentakt, zwischen Mühldorf und Passau über Pfarrkirchen (946, Rottalbahn) der Zweistundentakt. Nicht ganz im Takt, aber werktags doch etwa jede Stunde fahren Regionalzüge auf den Strecken Mühldorf–Simbach (941), Mühldorf–Burghausen (942) und Mühldorf–Neumarkt-St. Veit–Landshut (945). Außerdem fährt auf den Strecken von Mühldorf nach Passau, Simbach, Burghausen und Richtung Wasserburg (944) das Radl kostenlos mit.

Nun sind Sie an der Reihe, viel Spaß!

Der Isartalradweg zwischen Landshut und Plattling

Eine „Tour de Natur" entlang der Isar. Wer will, nutzt sie zum Meditieren, läßt konsequent alle neben der Route gelegenen Ortschaften links (oder rechts) liegen. Mehrfach wechseln freie Fließstrecken mit Stauhaltungen vor den Kraftwerksmauern. Sie fahren einmal auf dem Damm, ein anderes Mal im Auwald. Und wer schon in München gestartet ist, hat bis zum Startpunkt Landshut ebenfalls rund 75 km zum „Aufwärmen" zurückgelegt.

Start:	*Hauptbahnhof Landshut*
Ziel:	*Bahnhof Plattling*
Streckenlänge:	*75 km*
Steigungen:	*ca. 70 Höhenmeter bergab.*
Charakter:	*leicht; meist auf Radwegen, ab Ettling auf wenig befahrenen Nebenstraßen.*
Wegbeschaffenheit:	*19 km Asphalt, 56 km Sandstraßen.*
Bahnstationen:	*Landshut, Wörth, Dingolfing, Landau, Plattling.*
Verknüpfungen:	*Anschluß zu Tour 3 bei Niederaichbach, zu 4 bei Dingolfing, zu 5 bei Landau und zu 6 bei Plattling.*
Informationen:	*Tourismusreferate Lkr. Landshut, Telefon 08 71/40 82 33; Lkr. Dingolfing-Landau, Telefon 0 87 31/8 71 11; Lkr. Deggendorf, Telefon 09 91/3 10 03 39.*

Nr.	km	Beschreibung
1	0,0	Vom Hbf. **Landshut** geradeaus auf dem Radweg und über die Brücke der Pfettrach Ri. „Klinikum/Bezirkskrankenhaus"; in der Folge über mehrere Kreuzungen geradeaus. Kurz vor der Isarbrücke bei km 1,50 re. ab und nach 10 m wieder links zum Isarufer-Radweg (zur **Altstadt mit der Burg Trausnitz** bei 1,50 geradeaus über die Brücke); am Ufer li. unter der Unterführung durch auf dem ausgeschilderten **„Isartalradweg"** bleiben bis 3,50 (bei 1,70 re. über Brücke, bei 1,90 durch einen Park und über die Isarbrücke, dahinter li., bei 2,50 li. über das Kraftwerk und bei 2,60 wieder re. am nördl. Isarufer entlang).
2	3,5	Re. über die hölzerne Isarbrücke und dahinter bei 3,60 li. in die *Schützenstraße*; nach weiteren 200 m (nach dem Wohnblock Nr. 7 a) li. auf den Kiesweg wie ausgeschildert als Isarradweg, stadtauswärts stets auf ihm bleiben; ab 5,0 auf der Dammkrone und später entlang dem **Altheimer Stausee**.
3	10,2	Vor den Betriebsanlagen der **Staustufe Altheim** scharf re. bergab und weiter wie ausgeschildert.
4	17,4	Nach Schranke re. zur Vorfahrtstraße und dort li. ab.
5	18,5	In **Niederaichbach** an der Kreuzung geradeaus; am Ortsende bei 18,80 li. in den „Schwalbengraben" und zum Isarufer, dort bei 18,95 re. Ri. „Dingolfing 15 km" abbiegen; bei 21,30 an der Wegegabelung kurz re. bergauf und nach 80 m an der Dreifach-Wegegabelung den mittleren Ast nehmen.
6	24,3	Die Querstraße bei der Isarbrücke **Niederviehbach** überqueren und anschließend auf der Dammkrone weiterfahren (auch alternativ re. im Auwald möglich, z. B. bei starkem Gegenwind);
7	25,2	ca. 15 m vor dem Staustufen-Werksgelände re. bergab und nach 50 m li. fahren wie ausgeschildert: Isarbrücke Loiching bei 28,10, Isarbrücke Teisbach bei 29,85.
8	33,0	Die alte Isarbrücke von **Dingolfing** überqueren und nach weiteren 100 m an der Wegegabelung geradeaus – zur **Altstadt und Pfarrkirche** hier aber re. und nach 50 m an der Ampel li. halten.
		Am östlichen Stadtrand von **Dingolfing** ca. 50 m nach einer Zufahrt zu den Sportanlagen bei 34,30 li. über den Hochwasserdamm und nach 250 m re. auf den Uferweg; weiter am Ufer: Isarbrücke Gottfrieding bei 36,55; Isarbrücke Mamming bei 42,50).
		Abstecher zum wachsenden Felsen Usterling: bei 46,15 re. auf den Waldweg abbiegen und bald bergauf fahren, oben nach der Schranke re. zur Vorfahrtstraße, dort 10 m re. und dann li. in den Wald, zusätzlich ca. 550 m Strecke.
9	49,9	Am Ortsrand von **Landau/Isar** bei der Einmündung in die Asphaltstraße li. ab, nach weiteren 250 m nach li. die Straße überqueren und auf den Kiesweg – zur **Altstadt** mit dem **Museum im Kastenhof** geradeaus bis zur Brücke und dort re. Bei 50,55 unter der eisernen Isarbrücke durch und in ausgeschilderter Richtung bleiben.

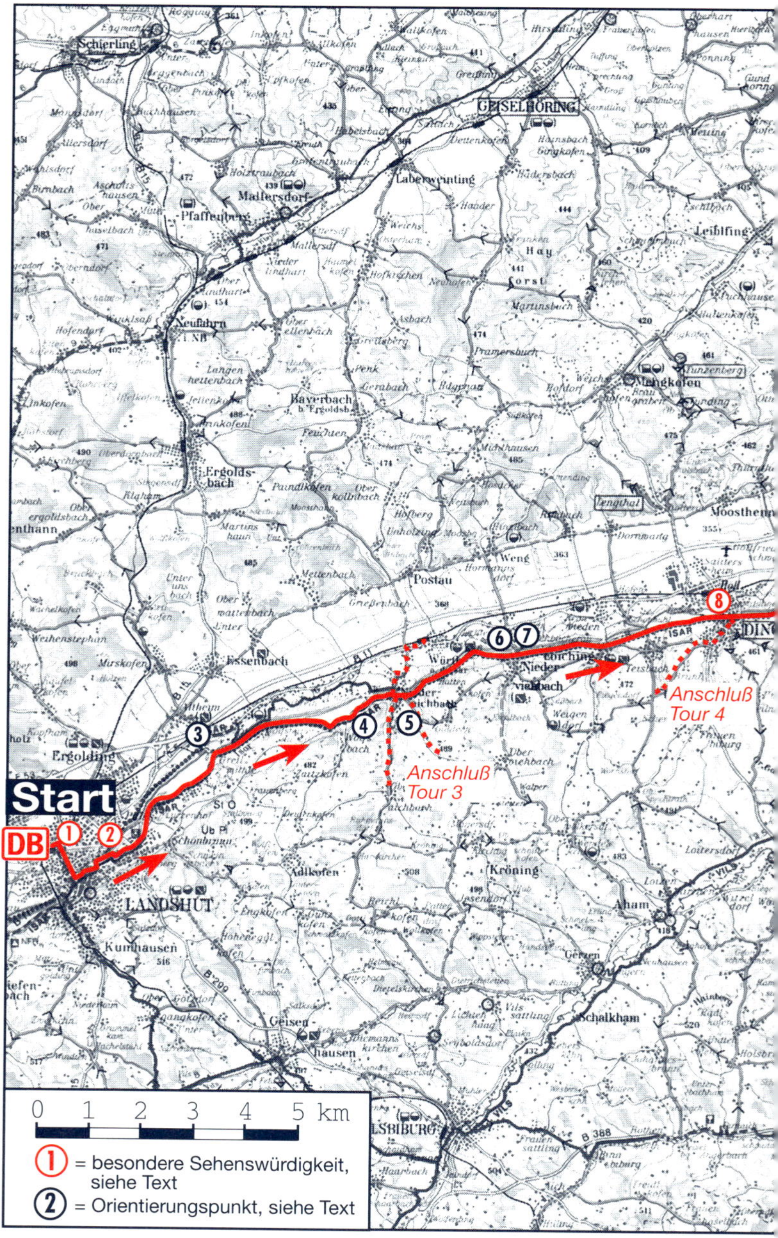
Start
DB
Anschluß Tour 3
Anschluß Tour 4
Schierling
Geiselhöring
Mallersdorf
Pfaffenberg
Laberweinting
Leiblfing
Neufahrn
Bayerbach b. Ergoldsb.
Ergoldsbach
Mengkofen
Postau
Essenbach
Ergolding
Landshut
Kumhausen
Adlkofen
Kröning
Aham
Gerzen
Schalkham
Geisenhausen
Vilsbiburg
Wörth
Niederviehbach
Dingolfing
Isar
0 1 2 3 4 5 km
① = besondere Sehenswürdigkeit, siehe Text
② = Orientierungspunkt, siehe Text

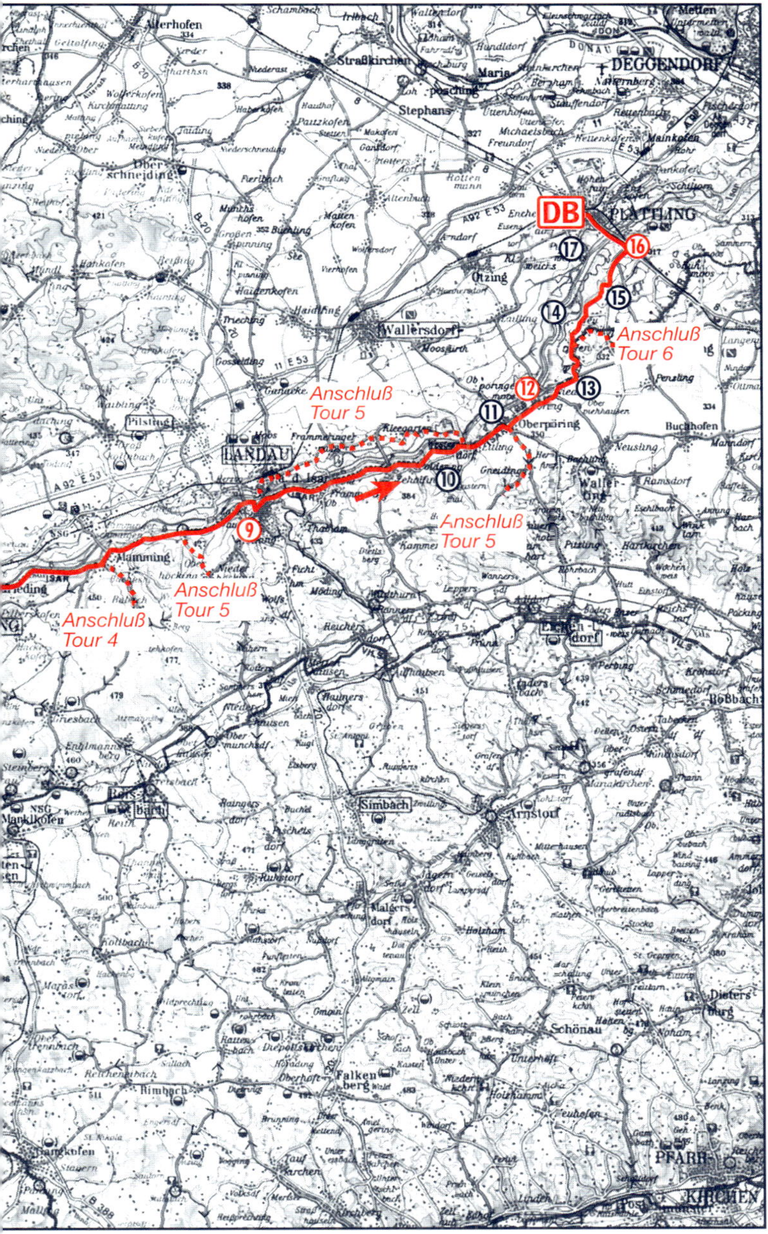
DB
PLATTLING
DEGGENDORF
DONAU
Straßkirchen
Stephans
Wallersdorf
Otzing
LANDAU
Pilsting
Oberpöring
Eichendorf
Simbach
Arnstorf
Schönau
Falkenberg
PFARRKIRCHEN
Anschluß
Tour 6
Anschluß
Tour 5
Anschluß
Tour 5
Anschluß
Tour 5
Anschluß
Tour 4
9
10
11
12
13
14
15
16
17

10	59,6	An der Einmündung bei der Isarbrücke **Ettling** re. bergauf und oben bei 60,00 li. halten;
11	61,9	in **Oberpöring** an der Kreuzung geradeaus Ri. Niederpöring;
12	63,5	gleich nach Ortseinfahrt **Niederpöring** li. Ri. **„Schloß"**; nach ca. 120 m Eingang zum Schloßpark; nach Umkehr an der Hauptstraße bei 63,75 li. durch Niederpöring fahren.
13	65,6	Auf offener Strecke li. ab Ri. „Neutiefenweg 2 km" und bald durch die bewaldete Hangleite bergab; bei Alttiefenweg (66,45) geradeaus am Ortsrand entlang.
14	68,5	Nach Neutiefenweg an der Wegegabelung geradeaus auf den Kiesweg und am Damm entlang;
15	70,8	bei der Einmündung in die Asphaltstraße li. ab.
	72,4	Bei der Einmündung in die B 8 li. Ri. „Plattling 2 km" (kurz vor
16		der Isarbrücke re. zur **St.-Jakobs-Kirche**);
17	74,4	in **Plattling** nach dem *Stadtplatz* an der Kreuzung li. abbiegen Ri. Bahnhof; Ende der Tour bei km 75,00 am Bahnhof Plattling.
		Hinweis: der Isartalradweg wird 1998 auf Teilstrecken verlegt!

Vom Bahnhof **Landshut** geht es anfangs entlang einer breiten, lebhaften Straße Richtung Stadtmitte. Wir queren den weitläufigen Luitpoldpark und könnten dort zum Schwimmbad abbiegen. Gleich hinter der evangelischen Kirche treffen wir am Flußufer
1 km auf den Isarradweg und folgen der Ausschilderung in östlicher Richtung nach links; zur **Altstadt mit der Burg Trausnitz und der St.-Martins-Kirche ❶** geradeaus über die Isarbrücke und anschließend links in die Fußgängerzone. Der Abschnitt am geteilten Fluß entlang auf der Uferpromenade bis zur Heilig-Geist-Brücke gehört zum Reizvollsten, was die Isar in Landshut zu bieten hat.

Die angenehme Hinterhofatmosphäre mit einzelnen kleinen Cafés und den vielen Fußgängern erfreut auch Radfahrer. Noch gefangen von dieser Stimmung sind wir auch schon unter dem kühlenden
3 km Schirm eines Ahornhaines. Beim hölzernen *Marschallsteg* haben wir die Wahl: entweder geradeaus und später am Kernkraftwerk Ohu II vorbei oder rechts über die Holzbrücke. Die erste Variante ist sonniger und deshalb gut an kühlen Tagen oder am frühen Morgen. Im Sommer aber fährt es sich besser auf der südlichen Route: noch mit etwas Schatten und weit weg von der lärmenden Zivilisation. Treffpunkt beider Teilstrecken ist wieder in **Niederaichbach**. Die beschriebene Tour folgt der Südvariante.

Blick über Passau; links des Inn der Dom, dahinter die Veste (Tour 8).

Burghausen (Tour 13).

Die barocke „Hustenmutterkapelle" bei Postmünster (Touren 2, 10, 12).

Die hölzerne Rottbrücke bei Weihmörting/Minning (Tour 2).

Jetzt radeln wir in parkartiger Umgebung stadtauswärts, vorbei an Anglern, spielenden Kindern und deren Omas, und dringen nach 5 km ein in die weite Stille des **Altheimer Stausees ❷**.

Erst allmählich, dann aber ganz plötzlich wird der Fluß zum See. Grüne Algenteppiche deuten an, daß es reichlich Nährstoffe gibt, aber kaum eine Fließbewegung. Ab jetzt sind Sie allein mit sich und der Tour, unter der Woche könnte man sich hier einsam fühlen wie das letzte Blatt am Baum.

Nach der befreienden Weite des Stausees fahren wir ab in die „Untere Au". *10 km*

Der Wechsel könnte kaum markanter sein: Schattig und kühl führt der Kiesweg durch den Erlenwald, gerade recht für heiße Sommertage. Kurz vor Niederaichbach rückt das Hügelland bis an den Fluß heran, in Gestalt des Bruckbergs und dessen bewaldeter Hangflanke. Gegenüber ragt ein riesiges Turmmonster über die Baumwipfel hinaus – der Kühlturm vom Kernkraftwerk Ohu II. In **Niederaichbach ❺** *18 km*
können wir uns mit Proviant versorgen.

Und wieder hinein in den kühlen Auwald: Erlensümpfe gruppieren sich da und dort mit den Altwässern zu einem regelrechten Feuchtwaldkomplex. Erst nach einer Wegegabelung bei Fahr- *21 km*
km 21 ändert sich das Bild.

Plötzlich läßt das Blätterdach die Sonne wieder bis zum Waldboden durchdringen. Lichtspiele tanzen auf dem laubgestreuten Weg hin und her, die Sonne blinzelt uns ins Gesicht.

Sie können grundsätzlich auch nach links auf den Damm hochfahren und dort entlang radeln. Das ist allerdings nur zu empfehlen, wenn Sie breite Reifen aufgezogen haben und es keinen Gegenwind gibt. Denn der könnte sonst die letzte Kraft rauben. Schneller und bequemer ist in diesem Abschnitt der Waldweg, aber auch mit weniger Sicht. Deshalb springt die Wegeführung immer wieder auf die Dammkrone – halten Sie sich im Zweifel einfach an die Wegweisertabelle.

Ein Wort zu den am Weg liegenden kleinen Ortschaften wie **Nieder-**
24 km **viehbach ❻**, **Loiching**, **Teisbach** und andere mehr. Wer wache Augen hat, wird auch dort fündig werden. Sei es ein schöner Marktplatz, eine heimelige Gasse oder ein geschmackvolles Wirtshausschild. In Niederviehbach zeigt eine schöne Sonnenuhr die Vormittagszeit an der Sakristei an. Teisbach birgt sogar ein Schloß und wäre auch sonst einen Abstecher wert.

33 km Wer die Stadt **Dingolfing** noch nicht von der Tour 4 kennt, kommt an einem Besuch kaum vorbei. Hier lockt beispielsweise der lebensfrohe **Marienplatz ❽** mit seinen vielen Cafés und Kneipen. Oder aber die stolze **Stadtpfarrkirche St. Johannes ❽**, eine beeindrukkende spätgotische Hallenkirche.

Nach der Kreisstadt schwenkt der Isarradweg direkt ans Ufer und führt entlang einer parkartigen Auenlandschaft. Auf der gesamten Strecke war die Nähe zum Wasser noch nie so groß wie jetzt – ein sehr idyllisches Teilstück bis zur Isarbrücke **Gottfrieding**. Nach dem Kraftwerk folgt bis Mamming eine Kiesstrecke mit einer reichen Hochstaudenflora beidseitig des Weges.

Höhepunkt der Blütezeit sind die Monate Juli und August. Und zu sehen gibt es dann die gelbe Goldrute und den gelben Rainfarn, rotbraunen Wasserdost, dunkelroten Blutweiderich, silberblättrigen Beifuß und andere mehr.

Wenn nach 46 km plötzlich über den Baumwipfeln der Kirch-
46 km turm von **Usterling** auftaucht, könnte das erstaunen. Da er schon Patina angesetzt hat, wirkt die Szenerie etwas mystisch. 200 m später können wir auch schon rechts den Waldweg hinauf zum Ort nehmen.

Obwohl Kirche und Kirchhof sehenswert sind, ist die eigentliche Attraktion dort oben der **„Wachsende Felsen" ❽**. Eine kalkreiche Quelle hat sich dabei ihr eigenes Gewässerbett aufgebaut (siehe Tour 4). Unbedingt besichtigen!

50 km Bei der Stadt **Landau** wieder die Qual der Wahl: weiterfahren oder einen Abstecher riskieren. Landau hat viel Charme und auch gute Lokale. Wie in Dingolfing teilt sie sich in die Untere und die Obere

Stadt. Geschichts- und Kulturliebhaber fahren bis ganz nach oben zum **Kastenhaus mit dem Vorgeschichtsmuseum ❾** (siehe Tour 5).

So wie wir nach Landau gekommen sind, verlassen wir es auch wieder: auf kiesiger Strecke, gesäumt von farbenprächtigen Hochstauden und immer in Kontakt mit dem Fluß. – Die Szenerie ändert sich schlagartig nach der Staustufe **Ettling**, da die Route jetzt *60 km*
auf die Hochterrasse hinaufführt und damit vom Fluß weg.

Mir hat der Wechsel auf die Landstraße gutgetan, da er eine willkommene Abwechslung zur bisherigen Uferfahrt bringt. Die Straße ist außerdem wenig befahren.

Ganz unerwartet steht in **Niederpöring** ein bezauberndes **Barockschloß ⓬**, das jetzt als Standesamt weit und breit begehrt ist. Wer *63 km*
sonst kann schon von sich sagen, daß er in einem Schloß geheiratet hat?

Anschließend sehen wir rechts der Strecke die weite, lößbedeckte Produktionslandschaft, den östlichsten Zipfel des Gäubodens. Langsam, sehr langsam steigt das Land nach Süden hin an.

Zum Schluß geht es wieder hinab zur unteren Isarterrasse, dann erneut entlang dem Auwald. Kurz vor der eisernen Isarbrücke bei **Plattling** können Sie nach rechts zur **St.-Jakobs-Kirche ⓰** ab- *72 km*
zweigen.

Dieses Juwel glänzt nicht durch Gold und Prunk, sondern durch eine einmalige Stimmung im romanischen Stil. Im Kircheninneren weht uns der Hauch von 800 Jahren ins Gesicht – und das durchaus angenehm.

Nach der Isarbrücke kommen wir auf den schönen, aber mit zu viel Blech gefüllten Stadtplatz. Plattling als das geographi- *75 km*
sche „Herz Niederbayerns“ ist gleichzeitig Zielpunkt der Tour.

Der Rottalradweg zwischen Schärding und Neumarkt-St. Veit

Der Rottalradweg ist der abwechslungsreichere unter den beiden Flußtouren. Den sehr unterschiedlichen Kleinstädten Schärding, Pocking, Eggenfelden und Pfarrkirchen ist das zu verdanken, dem Thermalbad in Bad Birnbach und nicht zuletzt Massing mit dem Bauernhofmuseum. Und der Abschnitt zwischen Pfarrkirchen und Eggenfelden mittendrin gehört zum Besten, was Erholungslandschaften in Niederbayern zu bieten haben.

Start:	*Schärding oder Pocking.*
Ziel:	*Massing oder Neumarkt-St. Veit.*
Streckenlänge:	*max. 97 km*
Steigungen:	*insgesamt etwa 150 Höhenmeter.*
Charakter:	*leicht; überwiegend Radwege, teilweise wenig befahrene Nebenstraßen; 1 Anstieg vor Neumarkt/St. Veit.*
Wegbeschaffenheit:	*87 km Asphalt, 10 km Sandstraßen.*
Bahnstationen:	*Schärding, Pocking, Schwaibach, Pfarrkirchen, Hebertsfelden, Eggenfelden, Massing, Neumarkt-St. Veit.*
Verknüpfungen:	*Anschluß zum Inntal-Radwanderweg bei Schärding, zu den Touren 9 und 11 bei Bayerbach, zu 12 bei Brombach, zu 10 bei Pfarrkirchen, zu 14 bei Eggenfelden.*
Informationen:	*Tourismusreferate Lkr. Passau, Tel. 08 51/39 72 16; Lkr. Rottal-Inn, Tel. 0 85 61/2 02 68.*

Nr.	km	Beschreibung
		Vom Bahnhof **Schärding** zum Stadtplatz Schärding: ca. 100 m nach dem Bahnhof re. in den schmalen *Bahnhofsweg* Ri. „Fußweg zum Zentrum“ schwenken. Nach ca. 800 m an der nächsten Einmündung über die Brücke und durch die Unterführung, an der nächsten Wegegabelung li.; an der Einmündung nach 400 m über die Straße und dann re. auf dem Gehweg ca. 130 m schieben bis zum Ende eines Parkplatzes; dort li. und über die kleine Brücke zum Kirchenvorplatz fahren, dann li. und zum Stadtplatz.
		Alternative Anfahrt vom Bahnhof **Sulzbach** (Strecke Mühldorf–Passau, 946) über „Höchfelden“ und Neuhaus nach **Schärding**, ca. 4 km.
1		Vom **Stadtplatz Schärding** zum Bahnhof Pocking:
	0,0	In Schärding vom Christophorus-Brunnen li. und nach 100 m re. Ri. Neuhaus; ca. 400 m nach der Innbrücke bei der Kreuzung (km 1,10) li. Ri. „Rottalradweg Pocking“ halten; gleich nach der hölzernen Rottbrücke bei km 2,25 li. Ri. „RR Mattau“ und nach 250 m wieder re.; nun stets auf dem ausgeschilderten Rottalradweg (RR) bis Pocking.
	10,9	Ca. 200 m nach dem Bahnhof **Ruhstorf** li. Ri. Blumenau und weiter wie ausgeschildert.
2		***Abstecher:*** Geradeaus weiter zur **„Siebenschläferkirche“ von Rotthof**: vor der Auffahrt auf die B 388 l. Ri. Rotthof, nach weiteren 250 m re. ab durch die Siedlung und die B 388 geradeaus überqueren Ri. „Siebenschläferkirche 800 m“; Rückweg auf gleicher Route, ca. 4 km zusätzliche Wegstrecke.
3	14,6	Bei einer Pappelgruppe re. auf den Kiesweg und bei 15,17 li. ab auf den Asphaltweg (RR führt re. weiter!); bei 15,80 die Vorfahrtstraße und den Bahnübergang (nur Fußgänger und Radfahrer!) geradeaus kreuzen; dann bei der Einmündung am Lagerhaus li. bis zum Bahnhof (km 16,30).
		Vom **Bahnhof Pocking** zum **Bahnhof Pfarrkirchen**:
3	0,0	Vom **Bhf. Pocking** re.; hinter dem Lagerhaus bei 0,40 re. über Bahngleis und Querstraße auf schmalem Radweg; bei 1,12 auf dem Kiesweg geradeaus (nicht rechts fahren!), anschließend in der Linkskurve bleiben; ab hier wieder stets wie ausgeschildert.
	4,8	Ca. 200 m nach einer Wegegabelung am Birkengehölz re. Ri.
4		Poigham – re. eine **Mooreiche** und **Konglomeratblöcke**; weiter wie ausgeschildert, bei 9,70 Karpfham, bei 12,40 Schwaim, bei ca. 14,30 Kindlbach.
5	17,7	Während einer Abfahrt entlang der Straßenböschung der B 388 re. durch die Unterführung, dann li. wie ausgeschildert; bei 18,65 Lengham, bei 19,30 Campingplatz, bei 20,40 **Bad Birnbach**.
6	21,5	Bereits im **Kurviertel Bad Birnbach** li. Ri. Bahnhof Schwaibach und wieder wie ausgeschildert, ab 23,65 entlang der B 388, bei 27,35 Brombach.
	27,5	In Brombach den ersten Abzweig li. nehmen Ri. Dachsbergau

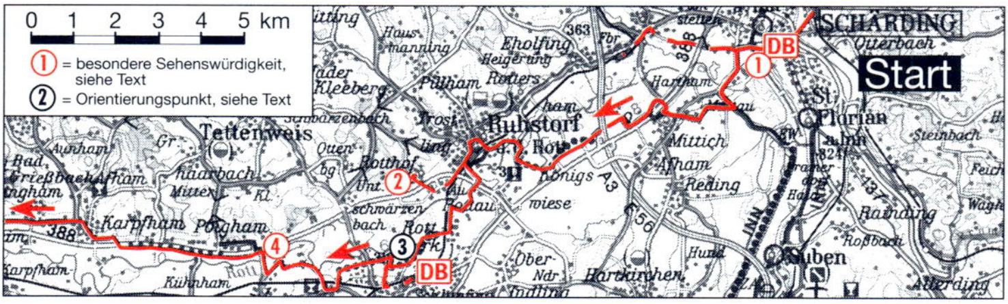

Fortsetzung Seite 25 ▶

7 und weiter wie ausgeschildert, **alte Lindenallee** bei 31,70.
8 34,6 In **Pfarrkirchen** bei der Einmündung in die *Äußere Simbacher Straße*
re. über den Bahnübergang und gleich wieder li. in den Fuß-/
Radweg; Ende des Teilstücks beim Bahnhof Pfarrkirchen km 34,80.

Vom **Bahnhof Pfarrkirchen** zum **Bahnhof Massing**:
0,0 Vom Bhf. re. und nach 80 m re. auf den Fuß-/Radweg – zu
8 **Ringallee/Stadtplatz/Wallfahrtskirche Gartlberg** etc.; vom
Bhf. geradeaus, nach 100 m re. über den Bahnübergang und
geradeaus wie ausgeschildert, bei 0,48 re. ab, bei 0,93 „Renn-
bahn“, bei 1,33 Schwimmbad.
3,1 Kurz vor Postmünster steht re. die **„Kapelle in der Au“**; bei 3,43
9 an der Vorfahrtstraße re., nach 250 m wieder li., ab 4,60 **Rott-
Stausee**, bei 6,10 Ausflugsgaststätte.
10 10,5 An der Einmündung beim „Schleuder-Maxx“ re. über das
Bahngleis und vor der B 388 li. auf den Radweg; bei 11,18 li. Ri.
Hebertsfelden und ca. 100 m nach der Rottbrücke bei 11,87 re.
auf die Pflasterstraße; weiter wie beschildert – bei 14,10 und
14,90 schöne Rott-Altwässer.
15,6 In **Gern/Eggenfelden** am Stoppschild re. und nach ca. 200 m li.
in die ehem. **Hofmark** einbiegen; an der Ampel bei 16,90
11 geradeaus Ri. „RR Massing 12 km“ (zu **Stadtplatz/Rathaus-
platz/Pfarrkirche** re.); weiter wie ausgeschildert, bei 19,75
Dietraching, bei 21,55 Moosham, bei 25,00 Unterdietfurt.
12 26,0 Ca. 150 m nach dem Ortsendeschild „Unterdietfurt“ re. Ri.
Oberdietfurt, bei 26,58 li. zur Kirche und dort bei 26,65 re. in
den *Birkenweg*; weiter wie ausgeschildert.
29,1 In **Massing** am Trafo li. in den *Oberzauner Weg*; nach 500 m
geradeaus bergauf über die Vorfahrtstraße (bei 29,96 li. die
Barockkirche Anzenberg); dann auf Kiesweg bergab, unten kurz
li. und wieder li. bergauf Ri. Roßbach; bei 30,69 re. zur neugoti-
schen Pfarrkirche. Nach Umkehr bergab und unten über die
13 Rottbrücke stets geradeaus, bei 31,24 li. **Berta-Hummel-
Museum**, dann **Marktplatz**. Nach dem Marktplatz vor dem
„Gasthaus Fischbräu“ bei 31,60 re. abbiegen und vor dem
Bahnübergang wieder re. zum Bhf. Massing, Ende bei km 31,80.

Vom **Bahnhof Massing** zum **Bahnhof Neumarkt-St. Veit**
(Hinweis: Dieser Streckenteil wird noch 1997 teilweise geändert):

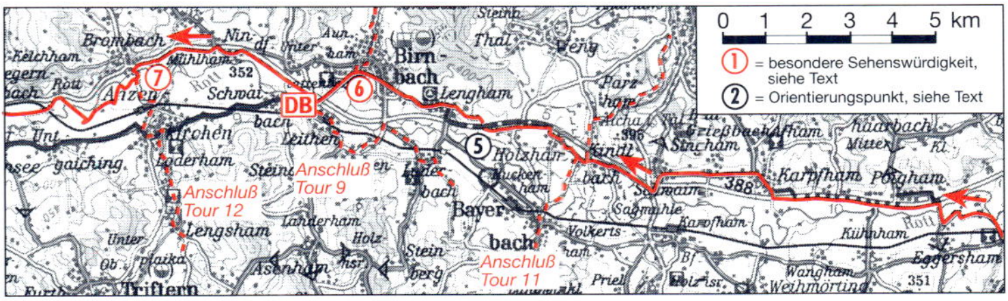

Fortsetzung Seite 26 ▶

13	**0,0**	Vom **Bhf. Massing** re. und bei der Einmündung nach 100 m li.; bei km 0,25 an der Einmündung beim „Gasthof Fischbräu" re. ortsauswärts – am Ortsende re. zum **Bauernhofmuseum**. Bei 0,95 li. Ri. Gottholbing und weiter wie ausgeschildert (zwischen 3,45 und 4,00 auf der Kreisstraße).
14	**6,3**	In Hörbering bei der Einmündung in die Asphaltstraße re.; weiter **wie ausgeschildert.**
15	**11,0**	Nach langer Abfahrt am Siedlungsrand von **Neumarkt** li. bergauf Ri. „RR/**St. Veit**" und weiter wie ausgeschildert, bei 12,20 über den *Marktplatz*, dann stets li. halten; Ende der Teilstrecke bei km 12,80 am Bahnhof Neumarkt-St. Veit.

In **Schärding** ❶, der Stadt mit dem weiten, vieleckigen Stadtplatz, an dem Häuser mit Barockfassaden um die Gunst der Betrachter wetteifern, ist der Beginn der Tour. Zugleich verläuft sich hier die Rott im übermächtigen Inn. Nach wenigen Kilometern bekommen wir erstmals Kontakt mit der Rott, unübersehbar taucht in der Ferne die **hölzerne Rottbrücke** ❶ mit dem flachen Zeltdach auf. Es folgt eine gehölzreiche Auenlandschaft, die sich tief mit dem umliegenden Bauernland verzahnt. Für eine kleine Weile erfahren wir Ruhe und Abgeschiedenheit. *2 km*

Der Weiler **Rotthof** ist bei Kunst- und Kirchenfreunden bekannt wegen seiner **„Siebenschläferkirche"** ❷. Die Figurengruppe der sieben schlafenden Jünger am Altar sucht ihresgleichen, ebenso der römische Taufstein im hinteren Kirchenraum. Die idyllische Lage mit dem weiten Rottalblick läßt auch diejenigen verstummen, die nur immer das Weite suchen.

Vor Pocking entspricht die Strecke unseren Erwartungen: Schmale Radwege durchziehen eine stille Kulturlandschaft am Fluß. Vom Bahnhof Pocking ist es nur ein Katzensprung zur Stadtmitte. Geschäftig geht es dort zu. **Pocking** hat sich zu einer Einkaufs- und Industriestadt gemausert, das Ländliche ist ausgewandert. *16 km* *10 km*

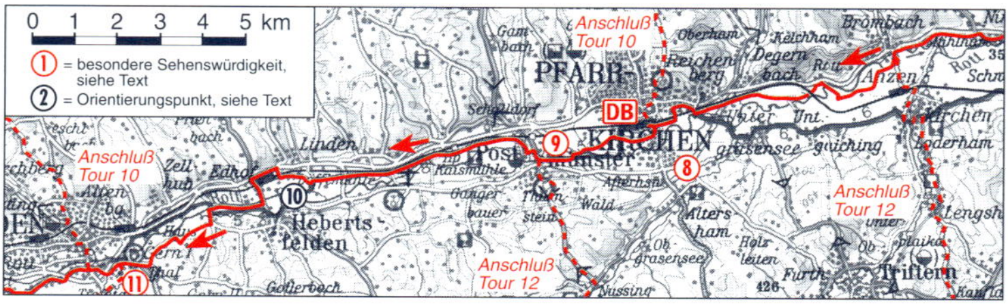

Fortsetzung Seite 27 ▶

Der zweite Streckenteil beginnt mit einem Highlight durch die ehemalige Rottaue. Kleine Wäldchen und Gebüschgruppen lokkern die Landschaft auf, und Bäume entlang der Wege führen durch sie hindurch.
Wer nicht unbedingt auf einen reinen Radweg angewiesen ist, kann bis Schwaibach auch auf der Kreistraße fahren.

Bei einem eingewachsenen Baggersee stoßen wir auf Relikte frühe-
5 km rer Zeiten: eine 20 000 Jahre alte **Mooreiche ❹** und einige **Findlinge aus Quarzkonglomerat ❹**, vor rund 12 Millionen Jahren hier entstanden.

Nach der Rottbrücke schwenken wir links auf den Radweg entlang der Bundesstraße ein. Nur zwischen **Karpfham** und Schwaim entfernen wir uns von der Autostraße.

Im August trifft sich hier auf dem „Karpfhamer Volksfest" das halbe Rottal im Bierzelt. Die kleine Geländekuppe bei **Holzham** überrascht durch weite Rottalblicke in die Gegend zwischen Bayerbach und Schwaibach. Die Flußlandschaft ist wieder dicht mit Gehölzen aufgefüllt. Im Herbst, wenn die Blätter Farbe zeigen und das weiche Licht der Septembersonne das Land erhellt, ja, dann wird das Rottal sogar romantisch.

19 km Lengham zeigt sich bereits stark beeinflußt vom angrenzenden Kurgebiet: Wo man hinsieht, werden Ferienwohnungen, Zimmer und Appartements angeboten. Die Mobiltouristen finden in Lengham einen der wenigen Campingplätze des südlichen Niederbayern.

21 km **Birnbach** war früher ein Dorf wie andere auch. Das änderte sich schlagartig, als 1973 aus 1.600 m Tiefe 70 °C heißes Thermalwasser

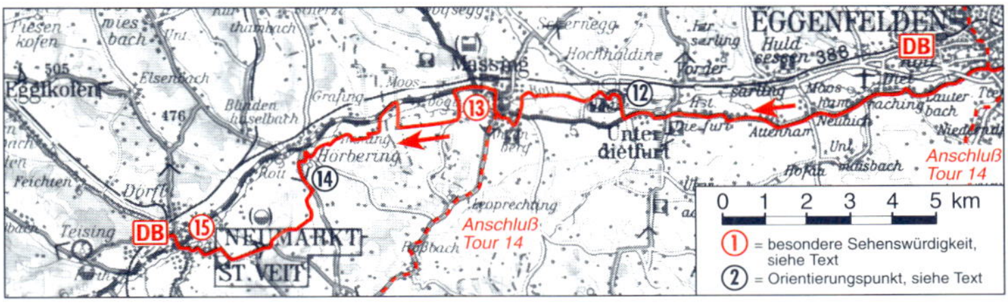

heraussprudelte. Aus dem Dorf wurde ein **Kurort ❻**, und aus den Milchbauern wurden Servicebetriebe. Ein neuer Marktplatz wurde gebaut, Bäume gepflanzt, die Gärten aufpoliert. Ein „ländliches Bad" sollte es werden, anders eben.

Vor der Rottbrücke bei **Schwaibach** können Sie sich wieder entscheiden: entweder auf dem Rottalradweg entlang der Bundesstraße oder auf der Kreisstraße bis Anzenkirchen und von dort nach Brombach.

Hinter **Brombach** erwartet uns ein wunderschöner Streckenabschnitt 27 km
– kein Lärm, kein Verkehr, viel Natur. Zu früher Stunde können wir hier die Tiere der Kulturlandschaft beobachten: Reh, Feldhase, Fasan, Kiebitz und hin und wieder sogar einen Storch. Viele grüne Wiesen und Altwässer säumen den Weg. Und die nächste Idylle folgt sogleich, die schattige **Lindenallee der alten Bundesstraße 388 ❼**. 32 km

In Pfarrkirchen können wir wieder Station machen, es gibt viel zu entdecken. Angefangen von der **schattigen Ringallee über den Stadt-** 35 km
platz mit „Wimmerroß" und „Goldenem Dachl" (beim Café /0 km
Bonauer) bis zur Wallfahrtskirche Gartlberg ❽. Bei gutem Wetter radeln (bzw. schieben) Sie auf den Reichenberg zum „Faßlwirt", dem schönsten Biergarten weit und breit. Von dort liegt einem das Rottal wirklich zu Füßen.

Wer aber die Stadt schon kennt, startet gleich wieder Richtung Eggenfelden und kommt noch an der ältesten Pferderennbahn Bayerns vorbei, besucht vielleicht auch das Freibad.

Das Rottal zwischen Pfarrkirchen und Eggenfelden ist ein Naherholungsgebiet ersten Ranges. Die Route beginnt (wieder) mit einer grünen Wiesenlandschaft und Altwässern.

3 km Nach der **Hustenmutterkapelle ❾** (siehe Tour 12) streift die Tour den Ortsrand von Post**münster**, bevor wir zum **Rott-Stau-**
5 km **see ❾** hochfahren.

Die Rott wurde in den 70er Jahren eingestaut, da ihre Hochwässer eine intensive Nutzung des Talraumes behinderten: Äcker wurden überschwemmt, Häuser geflutet und Straßen unterspült. Anstatt der Natur mehr Raum zu lassen, wurde die Rott gefesselt. Ein riesiger Staudamm bei Postmünster zähmt die Kraft des Flusses. Der Vorteil liegt beim Menschen – ein neuer See zum Baden, Surfen, Eislaufen et cetera entstand. In Richtung Eggenfelden wird das Flußtal wieder ursprünglicher. Den Höhepunkt erreichen wir nach dem Sägewerk bei
14 km Rackersbach, da führt der Radweg an zwei herrlichen Altwässern vorbei. Ein schöner Uferbewuchs aus Bäumen und Sträuchern, die gelb blühende Teichrose und reich gebuchtete Ufer erfreuen die Sinne.

Vor Eggenfelden kommt noch **Gern ⓫**. Die frühere Hofmark wird gerade runderneuert, es entsteht ein Kulturzentrum. Sonst ist es ruhig dort, außer zur „Gerner Dult" im Frühjahr. Die Dult als bayerisches Pendant des Volksfestes zeigt sich in Gern noch traditionsbewußt. Neben dem obligatorischen Rummelplatz sind noch die Stände der Kaufleute vertreten. Natürlich ist auch die Stadt **Eggenfelden ⓫** selbst einen Besuch wert, Näheres dazu bei Tour 10.
Zwischen Eggenfelden und Unterdietfurt schält sich wieder ein durchgehendes Nutzungsprinzip heraus: linker Hand die beackerten Flachhänge, oben die bewaldeten Kuppen. Rechts entlang der Straße die Höfe und dahinter bis zur Rott die Wiesen. So geht es kilometerlang, nur hin und wieder gruppieren sich die Höfe um eine Kirche zu klei-
25 km nen Dörfern – wie in Neuaich. In **Unterdietfurt** lockt wieder die Pfarrkirche. Mächtig und breit lagert sie dreischiffig am Ende des Dorfplatzes, die Außenwände strahlend weiß getüncht.

Bis **Massing** fahren wir wieder näher entlang der Rott, die aber dort regelrecht kanalisiert wurde. Die „Kirchensammler" leisten sich den Schlenker hoch zur Barockkirche Anzenberg und zur neugotischen Pfarrkirche. Alle anderen bleiben geradeaus Richtung
31 km **Marktplatz ⓭**.

32 km /0 km Das blaue Haus an der Ecke zur Marktplatzeinfahrt fällt jedem auf, aber nur wenige wagen den Besuch des **Berta-Hummel-Museums ⓭**. Berühmt wurde die Massinger Künstlerin wegen ihrer Porzellan-

figuren. Interessanter finde ich allerdings die stimmungsvollen Aquarellstudien und Bleistiftzeichnungen. Auf dem Marktplatz werden Sie sich wohlfühlen, er strahlt Wärme und Gelassenheit aus. Wer noch Zeit hat, macht einen Rundgang im **Bauernhofmuseum** ⓭, für einen Überblick über mehrere Jahrhunderte Rottaler Hofkultur. Betrachten wir den Schusteröderhof, den Hof eines Großbauern aus der Nähe von Massing; breit und stolz steht das „Wohnhaus" da. Jeden Dienstag ist Backtag im Backhaus, und jeden Mittwoch gibt es „Männerhandwerk" zu sehen, ob nun Besenbinden, Korbflechten oder Rechenmachen. Der Kochhof ist dagegen ein niederbayerischer Vierseithof und hat einen „Windbrunnen" dabei. Hier schließt sich wieder der Kreis zur technologischen Gegenwart. Der Heilmeierhof als letzter Hof am Fußweg schließlich ist eine bunte Mischung aus verschiedenen Regionen: das Wohnhaus aus Mamming (Tour 4), der Stadl aus Neumarkt-St. Veit, der „Traidkasten" ist aus der Vilsbiburger Gegend und das Austragshaus aus dem Inntal (Tour 13). Das schmucke Taubenhaus schließlich stammt wieder aus der Gegend um Wittibreut.

Gesättigt von den vielen Eindrücken machen wir uns auf den Weg nach Neumarkt-St. Veit. Längst Bekanntes zieht vorüber,
schließlich liegen schon 80 km Rottal hinter uns. Erst nach Hörbering *6 km*
„vergißt" die Tour ihren Namen und steigt hinauf zu einer Waldkuppe, bevor wir auf der Rückseite des Hügels (zu) schnell wieder hinabsausen. Aber aufgepaßt, denn gleich unten geht es links ab
und bergauf zur ehemaligen **Klosteranlage St. Veit** ⓯. Nach kurzer *11 km*
steiler Abfahrt landen wir auf dem stimmungsvollen Marktplatz von
Neumarkt. Nur wenige hundert Meter nach dem Marktplatz wartet *13 km*
der Bahnhof, die Endstation dieser Tour.

Das Landshuter Hügelland zwischen Isar und Vils

Fast noch eine „Landshut-Tour", zieht diese Route über viele Hügel und Täler in einem Bogen zwischen dem weiten Isartal und dem schmäleren Vilstal. Wir erleben dabei ein Stück niederbayerischer Bauerntradition: Ob stattlicher Vierseithof oder das renovierte „Sacherl", ob einsame Wallfahrtskirche oder eines der stimmungsvollen Dörfer – die Auswahl ist groß. Aber Vorsicht, mitunter müssen Sie sich mächtig „ins Zeug legen".

Start und Ziel:	*Bahnhof Wörth/Isar*
Streckenlänge:	*54 km*
Steigungen:	*ca. 400 Höhenmeter*
Charakter:	*schwer; verkehrsarme Nebenstraßen; viele Steigungen unterschiedlicher Schwierigkeit.*
Wegbeschaffenheit:	*Asphalt*
Bahnstation:	*Wörth/Isar*
Verknüpfungen:	*Anschluß zu Tour 1 bei Niederaichbach, zu Tour 4 bei Aham.*
Informationen:	*Tourismusreferat Lkr. Landshut, Telefon 08 71/40 82 33.*

Nr.	km	Beschreibung
1	0,0	Vom **Bahnhof Wörth** zur Hauptstraße und dort re. auf den markierten Radweg; am Ortsende bei km 0,45 mit dem Radweg die Straßenseite wechseln und bei 0,90 an der Einmündung li. in die *Neumühlstraße*; bei der nächsten Einmündung bei 2,40 li. über die Bachbrücke und von der Isarbrücke Niederaichbach bergauf bis Oberaichbach.
2	7,2	Gleich hinter dem Ortsschild von **Oberaichbach** re. bergauf Ri. Oberskirchen/Beutelhausen.
	11,5	Bei der Einmündung nach den Obstplantagen li.; nach 400 m in **Adlkofen** über die erste Kreuzung geradeaus in die *Friedhofsgasse*;
3		an der Wegegabelung nahe der **Pfarrkirche** bei 12,20 li., nach 100 m bei der Einmündung re. und nach weiteren 100 m

		an der Einmündung in die Vorfahrtstraße li. ab; bei der folgenden Wegegabelung (am Wegekreuz) bei 12,85 li. in die *Setzensackstraße*. Nach der folgenden Abfahrt bei 13,50 (ca. 100 m hinter dem Ortsschild Setzensack) re. bergab auf die schmale Asphaltstraße, die bald zur Kiesstraße wird.
4	**13,9**	Oben bei der Einmündung in die Asphaltstraße li. weiter bergauf.
5	**16,5**	Nach der Abfahrt bei Obermusbach re. ab.
6	**18,1**	In **Göttlkofen** bei der Einmündung in die Vorfahrtstraße re. Ri. Landshut/Jenkofen; nach ca. 280 m kurz vor dem Ortsende li. Ri. Dietelskirchen/Wollkofen; bei 19,40 am Ortsende von Wollkofen an der Wegegabelung geradeaus Ri. Armannsberg/Nöham.
7	**21,8**	An der Einmündung bei **Unterbettenbach** li.; nach ca. 1 km auf Höhe der Siedlung Kobel re. Ri. Oed/Paring auf die Betonstraße.
8	**24,4**	Nach langgezogener Abfahrt unten li. zur Bachbrücke und bergauf; an der Einmündung bei 25,10 re. ab und weiter bergauf halten; oben bei 25,45 bei der Ansiedlung Straß li. Ri. Hermannsreit/Reismühle.
	29,2	Bereits in **Gerzen** vor der Kirche li. und nach ca. 20 m re. auf den Fuß-/Radweg an der Kirche vorbei auf den Dorfplatz, an
9		dessen Ende nach knapp 200 m beim **Schloß** geradeaus Ri. Aham/Frontenhausen, nach weiteren 150 m (in der Linkskurve) re. ab Ri. Dirnaich/Johannesbrunn; nach der Vilsbrücke bei 30,25 li. Ri. Neuhausen.
	33,6	Nach den Orten Neuhausen und Wendeldorf bei der Siedlung Haag vor dem ersten Haus li. auf den Kiesweg Ri. Aham (als Vilstalradweg ausgeschildert!); nach ca. 300 m am Ortsrand von **Aham** bei der Einmündung li.; nach 100 m beim Schloß re. über die Brücke und an der Kirche vorbei. Bei 34,85 die Hauptstraße
10		überqueren Ri. Sportplatz/Dreifaltigkeit – **Kirche „Dreifaltigkeit"** bei 36,70.
11	**38,0**	An der Wegegabelung bei Lamprechtsöd geradeaus Ri. Oberwolkersdorf.
12	**40,3**	In **Oberwolkersdorf** an der Kreuzung geradeaus Ri. Landshut; nach dem Ortsende und einer Abfahrt bei 41,00 re. ab Ri. Oberviehbach, bis dorthin immer geradeaus.
13	**44,9**	Bereits in **Oberviehbach** an der Einmündung re. zur Ortsmitte; gleich am Anfang des Dorfplatzes bei 45,10 li. bergauf Ri. Hörglkofen/Goldern und stets geradeaus bergauf aus dem Ort hinaus.
14	**49,6**	Nach langer Abfahrt bei der Einmündung in die Vorfahrtstraße li. ab.
15	**51,0**	An der Kreuzung in **Niederaichbach** re. Ri. Wörth an der Isar und über die Isarbrücke; bei 51,90 direkt hinter der Bachbrücke re. in die *Neumühlstraße*; bei 53,40 an der Einmündung in die Vorfahrtstraße re. auf den begleitenden Radweg nach Wörth; in **Wörth** bei 54,25 (gegenüber dem „Ristorante da Enzo") li. über die Hauptstraße Ri. Bahnhof; Ende der Tour am Bahnhof Wörth bei km 54,35.

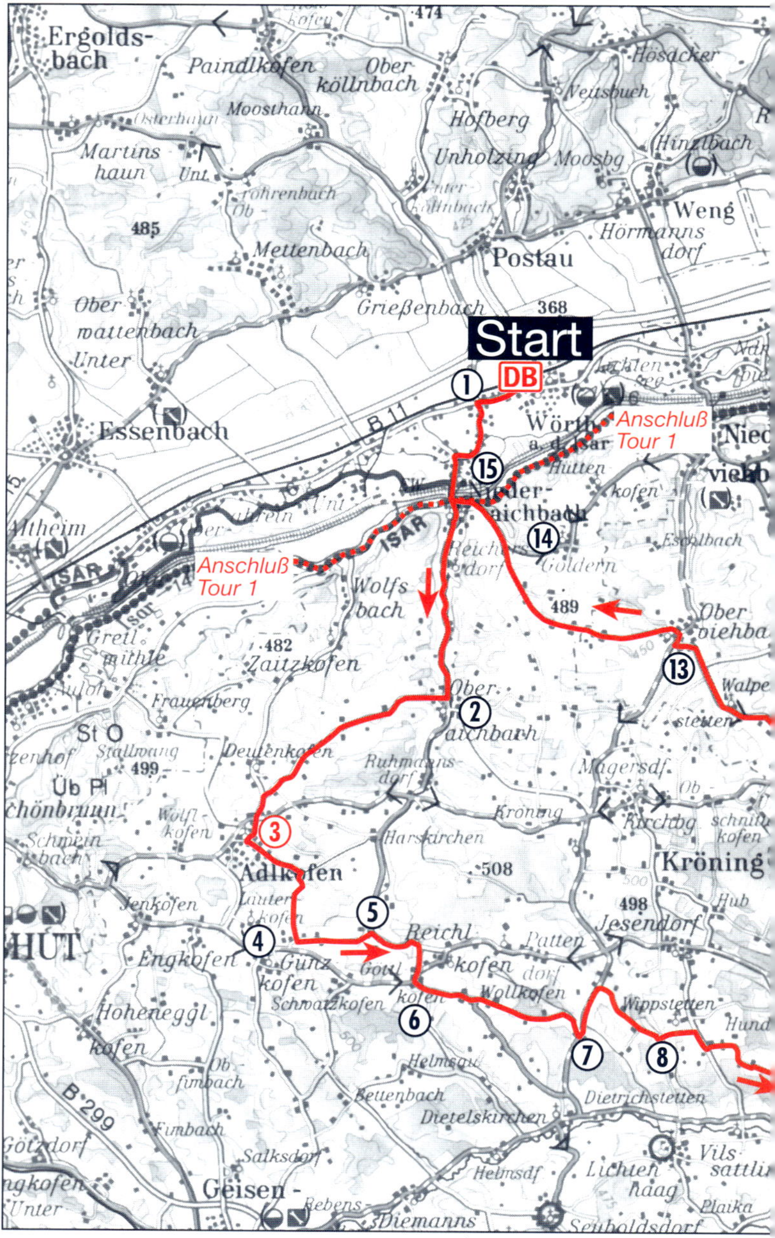
Ergoldsbach
Paindlkofen
Oberköllnbach
Moosthann
Hofberg
Hösacker
Neutsbuch
Martinshaun
Unholzing
Moosbg
Hinzlbach
Weng
Hörmannsdorf
485
Mettenbach
Postau
Obermattenbach
Unter
Grießenbach
368
Start
DB
Essenbach
B 11
Wörth a. d. Isar
Anschluß Tour 1
Nieder-aichbach
Hutten
kofen
Altheim
Isar
Anschluß Tour 1
Wolfsbach
Reichersdorf
Goldern
489
Oberviehbach
Grettmühle
482
Zaitzkofen
Frauenberg
Oberaichbach
Walpe
stetten
St O
Stallwang
499
Deutenkofen
Ruhmannsdorf
Magersdf
Üb Pl
Schönbrunn
Wolflkofen
Kröning
Kirchbg
Harskirchen
Adlkofen
508
Kröning
Jenkofen
Lauterkofen
498
Jesendorf
Engkofen
Reichlkofen
Pattendorf
Günzkofen
Göttlkofen
Wollkofen
Schwatzkofen
Wippstetten
Hoheneggelkofen
Helmsau
Obfimbach
Bettenbach
Dietrichstetten
B 299
Fimbach
Dietelskirchen
Götzdorf
Salksdorf
Helmsdf
Lichtenhaag
Vilssattling
Geisenhausen
Rebensdorf
Diemanns
Seuboldsdorf
Plaika
1
2
3
4
5
6
7
8
13
14
15

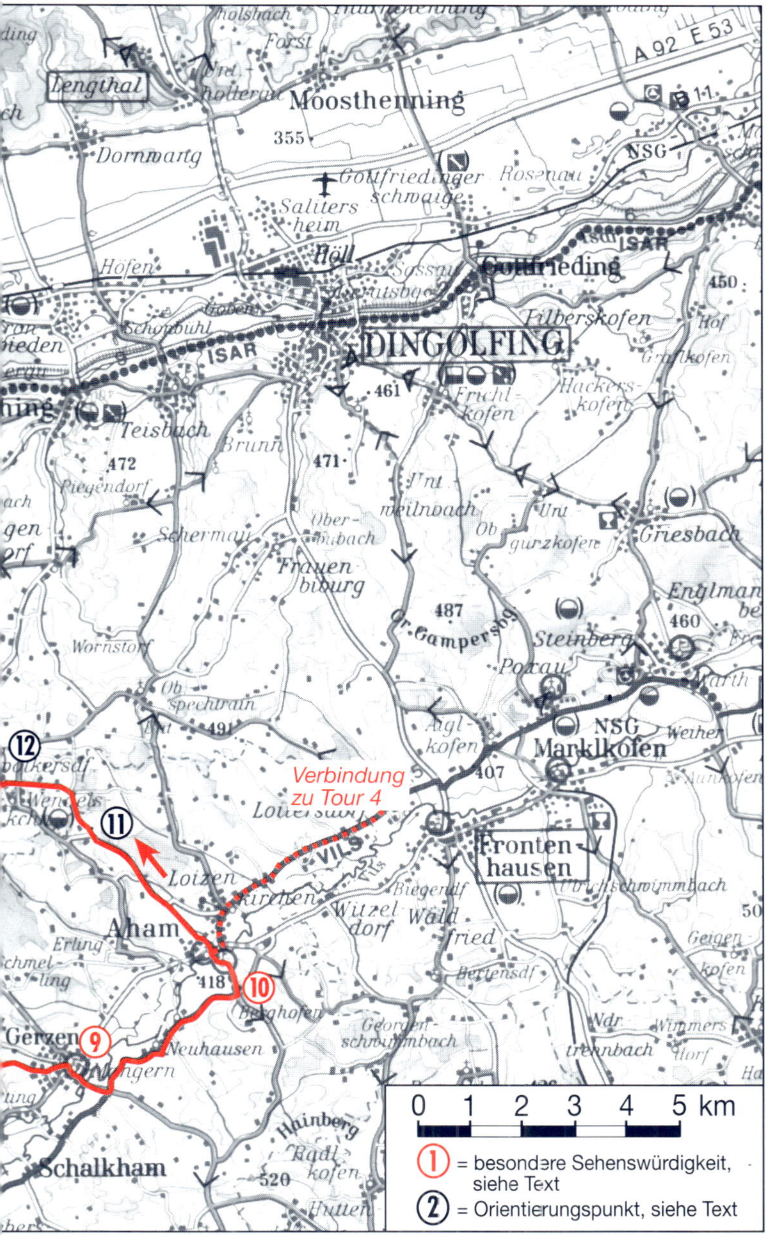
Lengthal
Moosthenning
355
Dornwartg
Gottfriedinger schwaige
Rosenau
Saliters heim
A 92 E 53
B 11
NSG
Höll
Gottfrieding
ISAR
450
Höfen
Schönbühl
DINGOLFING
Filberskofen
Hof
Teisbach
461
Frichlkofen
Hackerskofen
472
471
Brunn
Piegendorf
Untmeilnbach
Obergubach
Griesbach
Schermau
Frauenbiburg
Obgurzkofen
487
Gr. Gampersbg
Steinberg
460
Englmanbe
Wornstorf
Porzau
Marth
Ob spechtrain
491
NSG
Weiher
Aiglkofen
Marklkofen
12
Verbindung zu Tour 4
407
11
VILS
Frontenhausen
Loizen
Kirchen
Biegendf
Aham
Witzeldorf
Wald
fried
Erling
418
10
Bertensdf
Geigenkofen
Berghofen
Georgenschwimmbach
Ndr.
trennbach
Wimmersdorf
Gerzen
9
Neuhausen
Mangern
Schalkham
520
Haunberg
Radlkofen
Hutten
0 1 2 3 4 5 km
1 = besondere Sehenswürdigkeit, siehe Text
2 = Orientierungspunkt, siehe Text

Im Hochsommer flimmert die Luft oft über dem Isartal. Wer so einen heißen Tag erwischt, sollte lieber in den Biergarten gehen, als diese Tour zu fahren. Mit einer Ausnahme: Sie stellen den Wecker auf fünf (jawohl!) und sitzen um sechs bereits im Sattel. Ich hab's probiert – es geht tadellos.

Nur kurz ist das Stück im Isartal, das hier schon arg zersiedelt ist. Und der Kühlturm vom Kernkraftwerk Ohu II drückt der Landschaft seine Dimension aufs Auge. Von der Isarbrücke an folgt der willkommene Anstieg ins Aichbachtal: um sechs kann es auch im Sommer noch recht frisch sein, und bergauf erreichen wir schneller die richtige „Betriebstemperatur".

Links fällt das Gelände wiesengrün zum Bach hin ab, kleine Anwesen mit Obstgärten haben sich hier eingenistet. Hinter dem Bach steigt der Hang steil nach oben. Rechts dagegen ziehen sich lang und flach die Getreidefelder bis zu den Waldkuppen hinauf. Die Fahrt macht Spaß, der Verkehr ist auch tagsüber nicht störend.

7 km Vor **Oberaichbach** beginnen die 60 Höhenmeter bis zur ersten Kuppenlage. Es gibt so viel zu sehen an unverbrauchter Kulturlandschaft, daß Sie die kurze Anstrengung kaum merken. Von oben schweifen die Blicke weit zu den umliegenden Hügelkuppen, fast alle tragen Kiefernwälder. Dazu die goldgelben Felder und der weißblaue Himmel – kein Zweifel, wir sind in Niederbayern.

In **Adlkofen** fahren wir direkt auf die Kirche zu, die von einer schönen Obstwiese begleitet wird.

Die sehenswerte **Barockkirche ❸** mit den vielen Epitaphien hat einen
12 km Turm mit einer gotischen Spitzhaube. Nichts ist unmöglich.

Nun vom Dorf aufs Land: über aussichtsreiche Hügelkuppen bei Göttlkofen, Wollkofen, Kobel und bei Hermannsreit. Lange schöne Abfahrten nach Unterbettenbach, an Hundham vorbei und nach Gerzen zu. Fast durchweg ideale Wege, kaum Verkehr. Besonderheiten gibt es auch: ein perfekt erneuertes Bauernhaus mit einem echten Buchsbaum-Kräutergarten in Wollkofen. Gleich danach der rie-
22 km sige Wasserbehälter bei Armannsberg – für die Zeiten im Sommer, wenn die Luft flimmert. Und riesengroße Vierseithöfe stehen bei **Unterbettenbach ❼**.

Jeden Freitagmorgen ist Markttag am Domplatz von Passau (Tour 8).

Der Passauer Rathausplatz vermittelt venezianische Stimmung (Tour 8).

Blaublühende Wegwarte und gelbe Getreidefelder des Isar-Hügellandes (Tour 3).

Der Weg vor Gerzen ist ein Traum: Bedächtig neigt er sich dem Tal zu, durchwegs mit weiten Vilstalblicken.

Der Dorfplatz von **Gerzen** könnte auch Marktplatz sein – stolz und stattlich präsentiert er sich dem Besucher. Nach Süden hin offen, symbolisiert er die enge Verbundenheit des Ortes mit der Vils. Das stimmungsvolle **Schloß** ❾ fällt erst beim zweiten Blick auf. Kaum etwas ist noch zu sehen wegen der vielen Bäume im Park. *29 km*

Die Flußlandschaft zeigt sich von ihrer besten Seite: Wiesen mit flachen Mulden, in denen nach dem Regen das Wasser noch eine Zeit stehen bleibt – das ist gut für die Kiebitze, die dort ihr Futter finden. Oder kleine Auwaldreste mit Altwässern – da freuen sich Frösche, Karpfen und Ringelnattern. Kurze Zeit später allerdings wendet sich das Blatt, dann schnürt der „Ackergürtel" der Aue wieder die Luft ab. **Neuhausen** hat sich seine dörfliche Harmonie bewahren können. Als symbolische Mitte eine frühbarocke Kirche auf grüner Wiese. Kein Parkplatz, keine Kirchenmauer. Dazu die intakten Bauernhöfe, die Holzschuppen entlang der Straße, die kleinen Haselnußgebüsche.

Ähnlich reizvoll, wie sich Gerzen von Westen präsentiert, zeigt sich das Dorf **Aham** von Osten. Wir queren das Vilstal an einer der schönsten Stellen, dort wo Kultur und Natur sich innig verzahnen. Auf schmalen Feldwegen fahren wir durch eine parkartige Flußlandschaft, vorbei an Altwässern, durch eschenreiche Wäldchen und über schmale Bachbrücken. *34 km*

Bald schon sieht man das wehrhafte Schloß am Ortsrand auftauchen. Aber wo ist hier der Fluß? Der wurde kurzerhand als Triebwerkskanal in den Ort hineingeführt und muß dort Turbinen antreiben.

In einer angenehmen Steigung führt die Tour wieder bergauf durch die offene Landschaft. Vor dem Waldrand schält sich eine einsame Barockkirche aus dem Hintergrund. Nur zwei Bauernhöfe stehen dabei.

37 km Die **Wallfahrtskirche zur heiligen Dreifaltigkeit** ⑩ verzaubert die
Gegend. Das Bauwerk beruht auf einem Schwur: Der Schloßherr von
Aham wurde auf der Jagd von einem wilden Tier angefallen und
dabei schwer zugerichtet. Nach seiner glücklichen Genesung ließ er
1710 eine Kapelle bauen. Die Sonnenuhr am Turm ist Schmuckstück
und Zeitmesser zugleich.

Fast unbemerkt haben wir die Höhenlage erreicht, ständig
begleitet vom lauten Zirpen der Grillen und Heuschrecken.
Ohne große Anstrengung radeln wir durch grüne Waldtunnels und
40 km vorbei an einsamen Weilern. Erst kurz nach **Oberwolkersdorf** ⑫ fällt
dieser Höhenweg wieder ab ins Tal. In einem weiten Bogen geht es
steil durch einen Hangwald hinunter ins grüne Walperstettener Bach-
45 km tal. Von **Oberviehbach** ⑬ fahren wir aussichtsreich hinauf zur
Bauernhofsiedlung Hörglkofen. Unentdecktes Bauernland wird für
uns zur erlebnisreichen Erholungslandschaft. Noch einmal rauschen
wir steil ins Tal, wenden uns endgültig dem Isartal zu. Die weiße
Dunstfahne von Ohu II längst am Horizont vor Augen und an der
51 km „Alten Bäckermühle" in **Niederaichbach** ⑮ vorbei, gelangen wir
54 km über die Isarbrücke nach **Wörth**. – Wenn die Luft im Isartal jetzt
flimmert, dann rate ich zu einem kühlen Biergarten.

Von Dingolfing zum Vilstalstausee – unterwegs zwischen Isar und Vils

Wir beginnen mit der Stadt, dem aufstrebenden Dingolfing. Dann fahren wir aufs Land – zweimal Flußtal und zweimal Hügelrücken, aber jedesmal ganz anders. Die erste Hälfte stimmt uns ein in die Kulturlandschaft: typisches Bauernland, anfangs im waldreichen Hügelland, anschließend im weiten Vilstal. Als Zwischenziel wartet der Vilstalstausee. Die zweite Hälfte bringt uns der Natur näher: erst auf Kiesstraßen durch abgelegene Birken-Kiefern-Wälder, später auf ruhiger Strecke entlang der Isar zurück bis Dingolfing.

Start und Ziel:	*Bahnhof Dingolfing*
Streckenlänge:	*53 km*
Steigungen:	*ca. 320 Höhenmeter*
Charakter:	*mittel; verkehrsarme Nebenstraßen und Radwege; 3 größere Anstiege.*
Wegbeschaffenheit:	*39 km Asphalt, 14 km Sandstraßen.*
Bahnstation:	*Dingolfing*
Verknüpfungen:	*Anschluß zu Tour 1 bei Dingolfing, zu 3 bei Loitersdorf, zu 5 bei Mamming.*
Informationen:	*Tourismusreferat Lkr. Dingolfing-Landau, Telefon 0 87 31/8 71 1[illegible].*

Nr.	km	Beschreibung
	0,0	Vom **Bahnhof Dingolfing** kurz li. und nach 20 m wieder re. in die *Bayernwerkstraße*; bis zur dritten Kreuzung geradeaus und dort bei km 0,40 li. auf den straßenbegleitenden Radweg; an der nächsten Kreuzung bei km 1,05 re. ab Ri. Stadtmitte/Frontenhausen und bald über die alte Isarbrücke; bei der ersten Ampel li. Ri. Stadtmitte und auf der anderen Straßenseite wieder nach re. über die Fußgängerampel weiter auf den Radweg; nach nochmals 50 m li. in die Altstadt; bei km 1,75 an der Einmündung li. halten, die bald in die Pflasterstraße übergeht; an der
1		nächsten Einmündung neben dem **Marienplatz** in die Straße *Am Speisemarkt* re. bergauf – nach ca. 50 m li. die **Pfarrkirche**.
2	2,7	Bei der Einmündung in die **„Obere Stadt"** li. und bald über das **mittelalterliche Viadukt** fahren; an der Einmündung bei 2,90 geradeaus, nach weiteren 100 m re. Ri. Teisbach stadtauswärts; hinter der Straßenbrücke bei 3,50 dann li. Ri. Brunn/Ödhäusl; bei 4,40 re. Ri. Brunn, nach 150 m re. Ri. Ödhäusl – Kapelle „Heimlichleiden" bei 5,90.
3	6,6	Nach steiler Abfahrt an der Vorfahrtstraße li. ab und stets geradeaus.
4	10,6	Nach Auffahrt im Wald an der Vorfahrtstraße re. Ri. „Oberspechtrain 1 km"; am Ortsende von **Oberspechtrain** li. Ri. Unterspechtrain/Frontenhausen; nun stets auf der Höhenstrecke geradeaus bis ins Vilstal.
5	16,9	Im Vilstal bei der Einmündung bei Loitersdorf li. abbiegen; ca. 150 m vor der Hauptstraße bei 17,88 re. in die *Auerbergstraße; weiter wie ausgeschildert „Vilstalradweg"*, 18,48 über Vorfahrtstraße, 20,75 bei Einmündung li., 21,02 re. Ri. „Sportplatz", 21,35 bei Einmündung li., 21,50 re. auf Spurplattenweg, 22,02 re. abbiegen, 22,90 bei Einmündung kurz re. und gleich wieder links.
6	24,5	Bei der Einmündung in die Uferzufahrt zum **Vilstalstausee** li. ab und direkt vor der Hauptstraße re. auf den Radweg am Freibad vorbei und bald entlang der Staudammstraße rechts der Leitplanke.
7	26,7	Am Ende des Radweges auf der Straße ca. 150 m zurück, dann re. ab auf die Nebenstraße ins Vilstal und stets geradeaus bis Reisbach.
	28,8	In **Reisbach** an der ersten und zweiten Kreuzung geradeaus, bei
8		der Einfahrt in den **Marktplatz** bei 29,30 re. ab und nach ca. 200 m an der Einmündung bei der Mariensäule wieder li. ab.
9	30,4	Am Ortsende von **Niederreisbach** geradeaus über die Kreuzung Ri. „Vilstalradweg"; nach ca. 400 m, direkt vor dem Ortsschild von Hötzendorf li. Ri. „Vilstalradweg"; vor der Vilsbrücke bei 31,55 re. auf den Feldweg; an der Wegegabelung bei 32,05 re. halten; an der nächsten Einmündung bei 33,50 li. und bald über die neue Vilsbrücke – der Vilstalradweg biegt hier re. ab!
10	34,2	Bei der Einmündung in die Vorfahrtstraße li. ab und nach 200 m bei **Altersberg** wieder re. Ri. Breitenhof/Obergries.

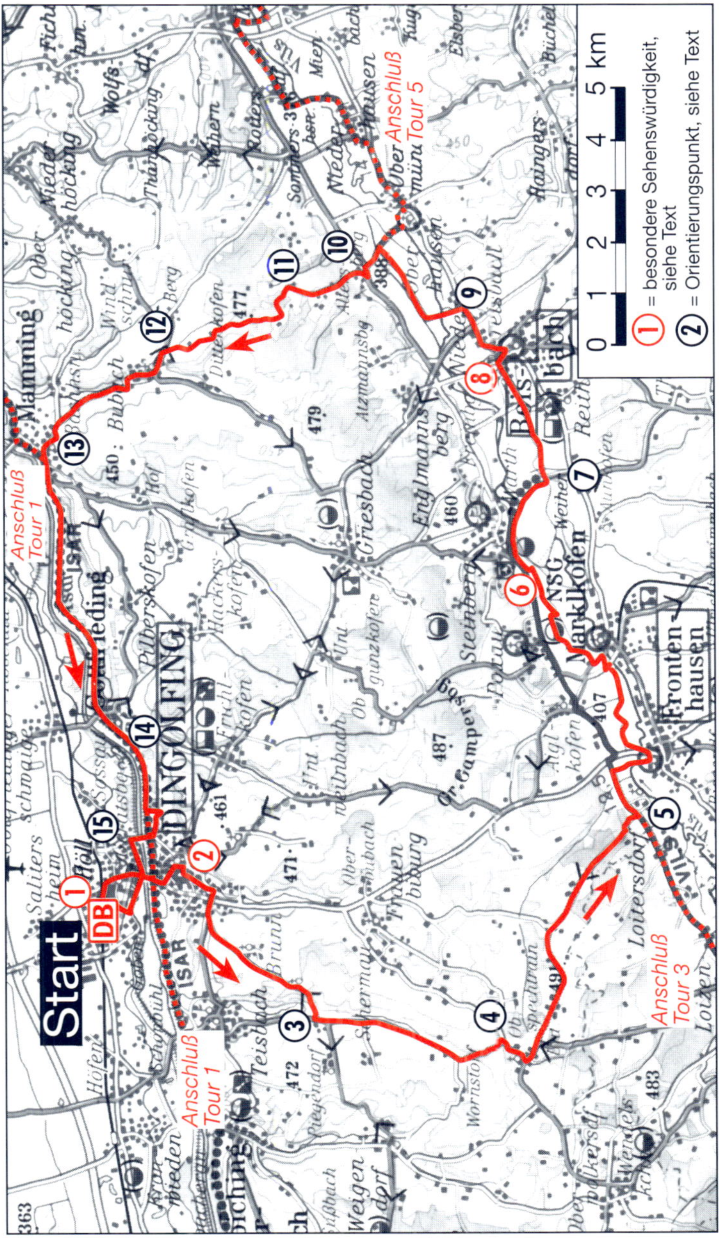
Start
DB
Anschluß Tour 1
Anschluß Tour 1
Anschluß Tour 3
Anschluß Tour 5
DINGOLFING
Frontenhausen
Marklkofen
NSG
Griesbach
Mamming
Teisbach
Loitersdorf
Frauenbiburg
Gottfrieding
Pilberskofen
Englmannsberg
Steinberg
ISAR
VILS
0 1 2 3 4 5 km
1 = besondere Sehenswürdigkeit, siehe Text
2 = Orientierungspunkt, siehe Text

11	36,1	Am Anwesen Lerchenberg li.; am Waldrand an der Wegegabelung li. auf den Kiesweg in den Wald, an der nächsten Kreuzung (km 36,65) geradeaus und am Waldende bei 36,95 rechts. Wieder im Wald an der nächsten Kreuzung bei 37,30 geradeaus und nach weiteren 100 m an der Wegegabelung scharf re. auf dem Hauptweg bleiben; nun stets geradeaus durch den Kiefernwald leicht bergab und wieder aus dem Wald heraus.
12	39,4	Nach langer Abfahrt bei der Einmündung in die Vorfahrtstraße li. in den Ort Bubach; bei der Einmündung bei 39,90 re. Ri. Mamming.
13	42,2	Bei der Einmündung in die Vorfahrtstraße li. nach **Mamming**, am Marktplatzende bei 42,85 li. in der *Gottfriedinger Straße* bleiben; nach kurzer Abfahrt am Tiefpunkt bei 43,20 re. auf die schmale Asphaltstraße zur Isar fahren (Ri. „Alte Mühle“); nach ca. 150 m am Isarufer li. auf den Kiesweg, der zum stets ausgeschilderten „Isartalradweg“ leitet (bis Dingolfing).
14	50,5	Auf offener Strecke li. ab, mit „Isartalradweg Ri. Dingolfing“, und bald den Hochwasserdamm überqueren. Bei 50,80 li. auf die Asphaltstraße zu den Sportanlagen und dort bei der Einmündung re. ab, nach 250 m, am Ende der Sportanlagen, re. auf den Fuß-/Radweg, nach weiteren 200 m an den Treppenstufen vorbei und gleich wieder re. zur Vorfahrtstraße, dort re. ab zur Brücke.
15	51,9	An der ersten Kreuzung nach der Isarbrücke li. in die *Gablonzer Straße,* auf den markierten Radweg; bei 52,50 in der Linkskurve bleiben, nach 100 m re. in die *Bahnhofstraße*; an der folgenden Kreuzung neben der Kirche bei 52,95 li. ab Ri. Bahnhof; Ende der Tour am **Bahnhof Dingolfing** bei km 53,60.

Das Gewerbegebiet von **Dingolfing** ist sicher nicht der Ort unserer Träume. Aber nach der alten Isarbrücke können wir nach links in die Altstadt einfahren.

Der **Marienplatz ❶** als Teil der „Unteren Stadt“ wirbt mit seinen vielen Cafés und Gaststätten. Richtig was los ist bei den Sommerfesten, dann verwandelt sich der Platz in ein Meer aus Biertischen und Krügen. Im Unterschied zum offenen Himmel über dem Marienplatz wird der gebaute Himmel der **Pfarrkirche St. Johannes ❶** von hohen, mächtigen Säulen getragen. Schon die Lage des Gotteshauses zwischen der Unteren und der Oberen Stadt ist ungewöhnlich. Die Backsteinkirche beeindruckt nicht nur von außen, die innere Hallengotik entwirft eine Raumwirkung, die fesselt. Die **Obere Stadt ❷** ist völlig anders, sie erscheint dem Mittelalter noch näher. Dazu paßt auch gut das **mittelalterliche Viadukt ❷**, über das wir anschließend stadtauswärts fahren.

Landschaftlich interessant wird die Tour, wenn wir Brunn hinter uns gelassen haben. Wie der Name „Ödhäusl" bereits andeutet, ist die Gegend wenig besiedelt, ruhig und bäuerlich. Hier treffen wir auf die Wallfahrtskapelle „Heimlich eiden", die erst 120 Jahre alt ist. Aufpassen sollten wir bei der folgenden Abfahrt in das **Tal des Teisbaches**, da es steil hinunter durch den Hangwald geht. *6 km*

Das Teisbachtal steht exemplarisch für die asymmetrischen Täler des Tertiären Hügellandes. Die meisten Talzüge in Nord-Süd-Richtung sind so gestaltet. Die Ursache liegt in der unterschiedlichen Erosionswirkung durch Sonne und Wind. Die warmen Westhänge wurden stärker abgetragen als die öfter gefrorenen Osthänge, deshalb sind sie steiler. Der häufige Westwind wiederum hat die feinen Bodenpartikel (Lößteilchen) im Windschatten der Osthänge abgelagert. Auf den flachen Lößböden wird Getreide angebaut, und auf den steilen, ausgeblasenen Westflanken steht Wald.

Das Dorf **Oberspechtrain** steht für all jene Orte, in denen man noch etwas auf sein „Sacherl" hält. Ob es die liebevoll gestalteten Vorgärten sind, die reich behangenen Obstbäume oder die feuerroten Kletterrosen – die Leute sind mit Liebe bei der Sache. *12 km*

Es folgt eine Panoramastrecke zum Vilstal, die durch unverfälschtes Bauernland führt. Dazu gehören kleine Dörfer mit vielen Obstbäumen, blütenreiche Straßenböschungen und stets das erhabene Gefühl, daß wir „oben" sind.

Nach dem Berg das weite Vilstal. Die vielen Namen mit dem Zusatz „Mühle" deuten bereits an, wozu die Vils hauptsächlich genutzt wurde. Bei **Frontenhausen** sind wir wirklich in der Tallandschaft: ein geschwungener Bachlauf mit reichlich Ufergehölz und ringsum nur Wiesen. *17 km*

Nach den Sportanlagen von Marklkofen geht es in eine weite Parklandschaft: ausgedehnte Wiesenflächen mit vielen Bäumen und kleinen Bauminseln. Beim **Vilstal-Stausee ❻** können wir uns in die Fluten stürzen. Ist das Wetter nicht so toll, dann bietet sich eher das Freibad an, wenige hundert Metern danach. Während der Fahrt auf der Dammstraße haben wir später ständige Blicke über die meist spiegelglatte Wasseroberfläche. *24 km*

29 km In **Reisbach** fordert der langgestreckte **Marktplatz ❽** zum Bleiben auf. Wir sind ohnehin schon 30 km unterwegs, haben mehrere Höhenzüge überschritten und uns deshalb eine richtige Brotzeit verdient. Zum Schluß schauen Sie sich die mächtig aufragende Pfarrkirche an, die wie eine Basilika den Platz nach Süden rahmt.

In die Pedale treten müssen wir wieder, um erneut ins Hügelland zu kommen. Je höher wir hinauf kommen, um so schöner werden die Ausblicke. Vorbei an mehreren Bauernhöfen und über einige „Bodenwellen“ geht es schnurstracks in den kiefernreichen Kuppenwald und bis zur ersten Waldlichtung durch.

Wer im Juli unterwegs ist, kann sich in Reisbach die Nachspeise sparen und hier zum Heidelbeerpflücken ausschwärmen. Denn wo Kiefern sind, sind auch Heidelbeeren. Ein Tip: Die Finger werden mit Zitronensaft wieder sauber.

Auf aussichtsreicher Strecke kommen wir nach Bubach, das wir
39 km geradeaus Richtung **Mamming** verlassen. Und wieder dieses
42 km deutlich asymmetrische Bachtal.

Was folgt, ist der **Isartalradweg** bis Dingolfing. Der Weg führt vorbei an Altwässern im dichten Auwaldstreifen, an blühenden Kerbel-Wiesen im Juli und bleibt fast ausnahmslos am Ufer.

Die Isar selbst ist begradigt, die Ufer sind versteint. Es ist der Abschnitt zwischen der Staustufe Landau und Dingolfing. Die kleine Staustufe Gottfrieding holt den letzten Rest an Wasserenergie aus dem Fluß heraus. Und so sieht der Fluß auch aus: ohne Saft und Kraft. Schön sind die farbenprächtigen Hochstauden am Wegrand, die dominierende Farbe ist Gelb. Schön ist auch der blühende Hochwasserdamm kurz vor Dingolfing, wobei Kenner seltene Orchideen entdecken. Nun ist es nicht mehr weit zum Startpunkt zurück. Mein Vorschlag: vorher noch zum Marienplatz und genüßlich einen trinken – einen Cappuccino.

Die Drei-Täler-Tour: vom Isartal über das Vilstal ins Kollbachtal

Sie zieht es aufs Land? Sehr gut. Sie möchten raus und was erleben? Ausgezeichnet. Sie haben Power und nehmen jede Herausforderung an? Wunderbar, hier habe ich eine Traumtour, eine Strecke ohne Kompromisse. – Aber sagen Sie nachher nicht, Sie hätten es nicht gewußt.

Start und Ziel:	*Bahnhof Landau/Isar*
Streckenlänge:	*67 km*
Steigungen:	*mind. 450 Höhenmeter, je nach Variante*
Charakter:	*schwer bis sehr schwer; verkehrsarme Nebenstraßen; 5 längere Anstiege.*
Wegbeschaffenheit:	*62 km Asphalt, 5 km Sandstraßen.*
Bahnstation:	*Landau/Isar*
Verknüpfungen:	*Anschluß zu Tour 4 bei Mamming und Mettenham, zu 6 bei Oberpöring, zu 10 bei Arnstorf (Ri. Schönau).*
Informationen:	*Tourismusreferate Lkr. Dingolfing-Landau Tel. 0 87 31/8 71 11, Lkr. Rottal-Inn Tel. 0 85 61/2 02 68.*

Nr.	km	Beschreibung
1	0,0	Vom **Bahnhof Landau an der Isar** re. und nach 450 m bei der Einmündung li. ab; bei km 0,85 durch den Kreisverkehr Ri. Osterhofen; hinter der eisernen Isarbrücke bei 1,30 re. ab Ri. Burghausen/Straubing – zum hochgelegenen **Stadtplatz mit dem Vorgeschichtsmuseum im Kastenhaus** geradeaus. Bei 2,05 über die Überführung der B 20 fahren und gleich dahinter bei 2,35 re. Ri. „Usterling 3 km"; bei 4,5 bergauf durch Zulling.
2	5,4	Ca. 30 m nach dem Ortsschild „Usterling" li. in den Waldweg Ri. Johannisfelsen; nach 100 m beim **„Wachsenden Felsen"** wieder umkehren und an der Hauptstraße li. weiter in den Ort. Bei 5,80 (ca. 100 m nach der Kirche) an der Wegegabelung li. Ri. „Oberhöcking 2 km" und bald bergauf.
3	7,2	In der Rechtskurve Ri. Oberhöcking bleiben;
4	8,0	nach Abfahrt bei der Einmündung in **Oberhöcking** li. und nach weiteren 150 m re. Ri. Holzhäuseln/Jungholzen; kurz vor der Kuppe bei 9,20 li. ab auf die aussichtsreiche Asphaltstraße.
5	9,9	Unten bei der Einmündung wieder li. bergauf und oben bei 10,45 re. Ri. Landau an der Isar halten.
6	11,0	Noch vor den Funk- und Sendeanlagen re. bergab Ri. Mettenhausen fahren;
7	14,1	Hinter der Unterführung der B 20 bei der Einmündung re.; nach 400 m in **Mettenhausen** geradeaus über die Kreuzung in die *Simbacher Straße* und stets geradeaus.
8	15,9	Vor **Haunersdorf** über die Hauptstraße in den Ort hinein, nach 200 m li. in die *Aufhausener Straße*, nach 200 m re. ab in die *Bahnhofstraße*, nach 150 m an der Wegegabelung re. in die *St. Antonistraße* Ri. Taubenberg/St. Antoni und bergauf.
9	18,5	Auf der Kuppe geradeaus über die Kreuzung – re. zur schönen **Barockkapelle St. Antoni**, ca. 400 m.
10	19,6	Im Wald an der Wegegabelung li. und nach 300 m am Waldende geradeaus auf die Asphaltstraße.
11	21,3	Bei der Einmündung re. bergab und unten an der Hauptstraße re. ab, nach weiteren 200 m bei 22,00 in **Simbach** li. Ri. Ortsmitte, dann bald auf kurviger Strecke bergauf und über den Marktplatz; nach einer Bushaltestelle bei 23,70 li. Ri. "Tennisplatz/Wertstoffhof"; an der nächsten Kreuzung bei 24,40 li. halten Ri. Matzöd/Klein- und Großwalln, nach weiteren 300 m an einem kleinen Anwesen geradeaus vorbei und auf die Kiesstraße.
12	26,5	Über zwei Wegekreuzungen im Wald geradeaus Ri. Eiselsdorf; bei km 27,65 durch **Eiselsdorf**.
13	29,1	Nach langer Abfahrt bei Haag durch eine scharfe Rechtskurve und das Kollbachtal queren; an der Vorfahrtstraße bei 29,65 links.
14	31,0	In **Arnstorf** li. das **„Obere Schloß"**; in der Ortsmitte an der Ampel li. Ri. Straubing, ca. 100 m nach der Kollbachbrücke re. Ri. Eichendorf/Indersbach; bei 32,90 li. Ri. Grafendorf/Volksdorf/Siegerstorf und bis Siegerstorf stets auf der Hauptstrecke bleiben.

15	36,1	Am Ortsrand von Siegerstorf re. durch den Ort Ri. Sommerstorf.
16	38,4	In Attenkaisen an der Ortseinfahrt re. und nach 50 m re. Ri. Indersbach.
17	40,3	In **Indersbach** nach Abfahrt an der Einmündung li. ab und stets geradeaus bis nach Adldorf.
18	43,7	In **Adldorf** geradeaus über die erste Kreuzung, nach 150 m an der Hauptstraße re. ab – nach ca. 200 m li. das **Schloß**.
19	45,5	In **Eichendorf** in der scharfen Linkskurve zum *Marktplatz* und nach 100 m bei der Mariensäule geradeaus in die *Plattlinger Straße*; nach der Bachbrücke bei 45,80 geradeaus auf den *Rohrbacher Weg*, der bald zur Sandstraße wird; bei 46,50 auf schmalem Steg über die Vils, bei 46,65 die Asphaltstraße geradeaus kreuzen Ri. Rohrbach/Gneiding.
20	47,5	Bei Rohrbach an der Kreuzung geradeaus.
21	49,9	Im Wald bei der Wegegabelung li. halten (re. zur Ausflugsgaststätte).
22	52,9	Wieder in offener Bauernlandschaft nach einer Hofgruppe li. auf die **Panoramastrecke** abbiegen Ri. Frauenholz (blaues Straßenschild auf der linken Seite); bei 54,20 re. ab und nach 100 m an der Vorfahrtstraße wieder re.; in **Gneiding** stets geradeaus durch den Ort.
23	55,6	Bei der Einmündung in **Oberpöring** li. bergab, nach 200 m an der Kreuzung li. Ri. Landau an der Isar/Ettling.
24	57,8	In **Ettling** an einer Linkskurve re. bergab Ri. Wallersdorf. – ***Alternativroute für Powerfreaks:*** stets geradeaus auf der Hauptstraße Ri. Landau/Isar. – Ca. 400 m nach der Isarbrücke bei 58,65 li. in den Kiesweg und am Hochwasserdamm durch den Auwald; bei 61,25 durch eine kleine Siedlung geradeaus bis Kleegarten.
25	62,25	Bei der Einmündung in **Kleegarten** kurz re. und gleich wieder li. Ri. „Landau/Isar 5 km".
26	65,75	Nahe Landau/Isar direkt vor der Überführung li. abbiegen Ri. Bahnhof; Ende der Tour bei km 67,25 am **Bahnhof Landau/Isar**.

Die Stadt Landau sparen wir uns bis zuletzt auf, fürs „Dessert". Als „Vorspeise" stehen Natur und Kultur auf dem Programm.

Die Tour beginnt mit einem kurzen Stück ebene Isarterrasse, bevor wir bei Zulling den Aufstieg wagen. Oberhalb des Ortes wird es hochprozentig: ein bezaubernder Panoramablick auf das umliegende, wellige Hügelland und ins Isartal. Äußerst genußvoll rollen wir dann durch diese Erlebnislandschaft nach **Usterling**. Zum **„Wachsenden Felsen" ❷** geht es gleich hinter dem Ortsschild nach links in den feuchten Hangwald. *5 km*

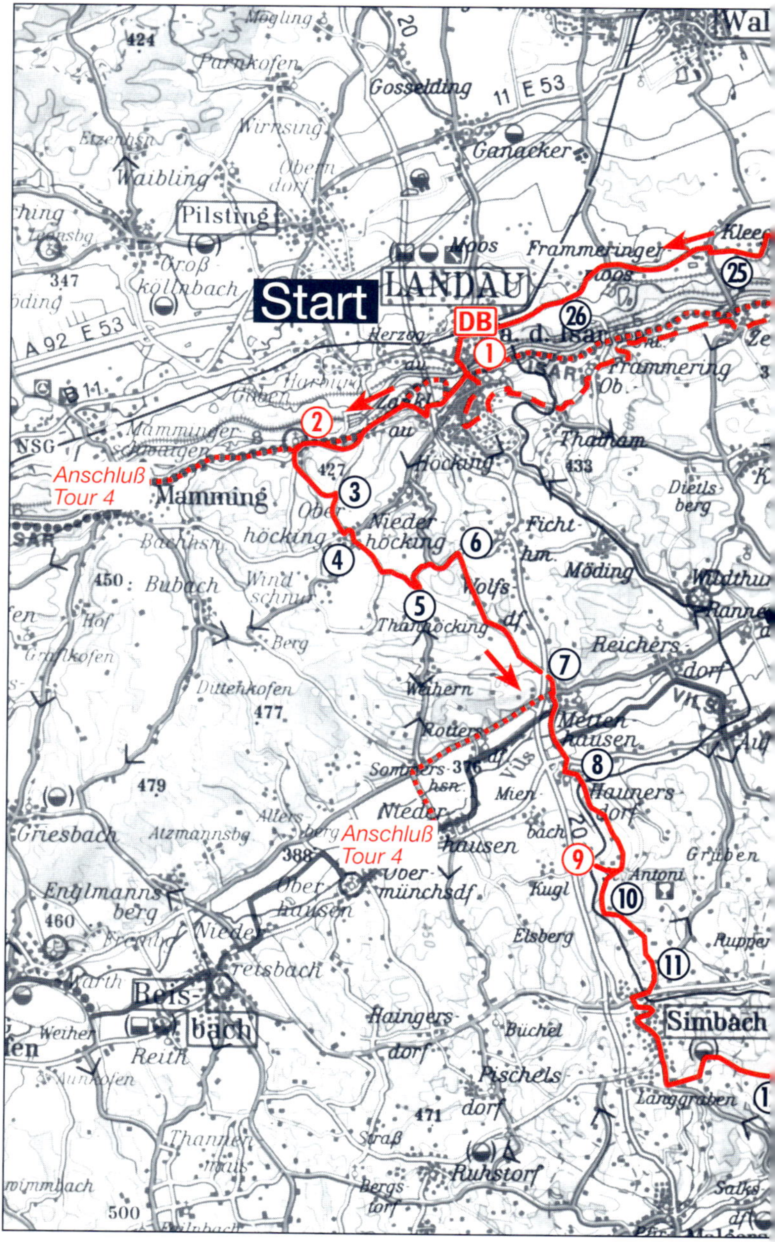

Start
LANDAU
a. d. Isar
DB
Anschluß Tour 4
Anschluß Tour 4
Mögling
Parnkofen
Gosselding
11 E 53
Wirnsing
Ganacker
Etzenhsn.
Waibling
Obern-
dorf
Pilsting
Moos
Frammeringer
Moos
Groß
köllnbach
A 92 E 53
Herzog-
au
Frammering
Ob.
Harburg
Zeholfing
B 11
Mamminger
schwaigen
Thalham
Mamming
Höcking
Ober
höcking
Nieder
höcking
Ficht-
hm.
Dietls-
berg
Möding
Bachhsn.
Bubach
Wind
schnur
Wolfs-
df.
Wildthurn
Thanhöcking
Berg
Reichers-
dorf
Dittenkofen
Weihern
Rotters
Metten-
hausen
Sommers-
hsn.
Mien-
bach
Hauners
dorf
Vils
Griesbach
Atzmannsbg
Allers-
berg
Nieder-
hausen
Gruben
Antoni
Ober-
münchsdf.
Kugl
Engelmanns
berg
Ober-
hausen
Elsberg
Rupper
Nieder-
reisbach
Reis-
bach
Weiher
Reith
Haingers-
dorf
Büchel
Simbach
Pischels
dorf
Langgraben
Straß
Ruhstorf
Thannen
Bergs-
torf
Salks-
df.
424
347
450
477
479
460
388
376
427
433
471
500
1
2
3
4
5
6
7
8
9
10
11
25
26

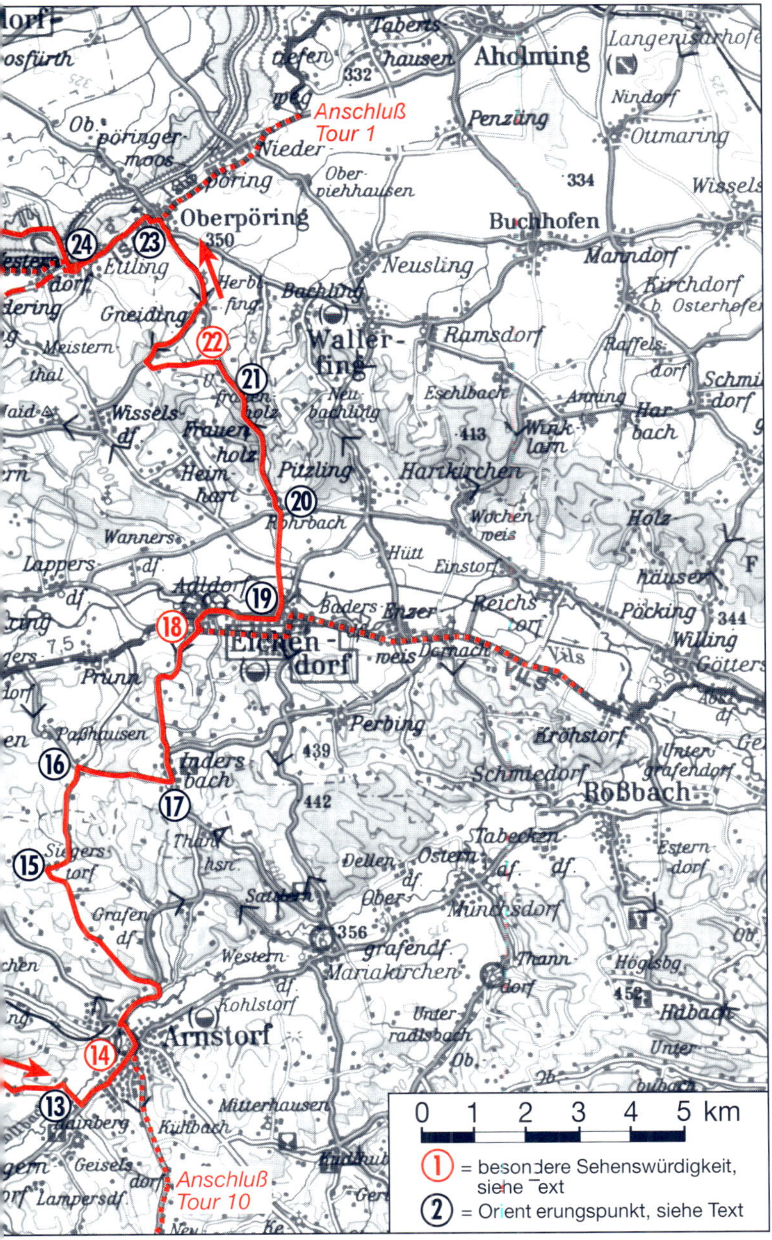
Anschluß
Tour 1
Tabertshausen
Aholming
Langenisarhofen
Nindorf
Penzing
Ottmaring
Niederpöring
Oberviehhausen
334
Wissels
Oberpöring
350
Buchhofen
Manndorf
Neusling
Kirchdorf
b. Osterhofen
Eitling
Herbfing
Bachling
Gneiding
Wallerfing
Ramsdorf
Raffelsdorf
Meistern-
thal
Schmiddorf
Eschlbach
Anning
Harbach
Wisselsdf.
Frauenholz
Neubachling
Winklam
413
Pitzling
Hartkirchen
Heimhart
Rohrbach
Wochenweis
Holzhäuser
Wanners
Lappersdf
Hütt
Einstorf
Adldorf
Baders
Enzerweis
Reichstorf
Pöcking
344
Willing
Götters
Eichendorf
Damach
Vils
Prunn
Paßhausen
Perbing
Kröhstorf
Indersbach
439
Unter-
grafendorf
Schmiedorf
Roßbach
442
Tabecken
Thannhsn.
Siegerstorf
Dellen
Ostern-
df.
Estern-
dorf
Grafendf.
Ober-
grafendf.
Münchsdorf
356
Western-
df.
Mariakirchen
Thanndorf
Höglsbg.
452
Kohlstorf
Arnstorf
Unter-
radlsbach
Hubach
Mitterhausen
Hainberg
Kühbach
Geiselsdorf
Lampersdf.
Anschluß
Tour 10
0 1 2 3 4 5 km
1 = besondere Sehenswürdigkeit, siehe Text
2 = Orientierungspunkt, siehe Text

Plötzlich steht er da, wie die Versteinerung eines Drachen. Auf dem schmalen Rücken fließt Wasser und plätschert schließlich zu Boden. Der Felsen gehört in die Welt der Mythen und Sagen, obwohl seine Entstehung schnell erklärt ist: Der viele Kalk, den das Quellwasser gelöst hat, wird als Mineral wieder ausgeschieden und hat das Bachbett Millimeter um Millimeter emporwachsen lassen. Das also war der Appetithappen. Das Hauptmenue zieht sich über mehrere Gänge hin – ganz nach französischer Tradition.

14 km Erster Gang: von Usterling nach **Mettenhausen** im Vilstal. Vor allem geht es bergauf, dreimal genauer gesagt. Von der ersten Hügelkuppe aus bieten sich ebenso grandiose Isartalblicke wie von der zweiten, dort sogar noch auf einer längeren Panoramastrecke.

Es sind breite Straßen ohne Verkehr, die sich durch die Landschaft ziehen. Meist sind wir allein mit uns und der Feldflur: im Sommer goldgelbe Getreidefelder, am Wegrand die tiefblaue Kornblume. Dazu die abwechslungsreiche Topographie – gerade recht für Landschaftsfetischisten.

Vom dritten Hügel aus startet die „große Abfahrt" ins Vilstal, das hier gerade einmal 5 km vom Isartal entfernt ist. Die Abfahrt ist meist flach, aber dafür schier endlos und stets mit weiten Talblicken. 2 km lang rollen wir durch eine typisch niederbayerische Bauernlandschaft.

Das Vilstal ist breit, die Vils in zwei Äste aufgespalten. Altwässer mit gelber Teichrose dringen ins Blickfeld, meist aber säumen den Fluß Wiesen und Felder.

16 km Zweiter Gang: von **Haunersdorf** nach Arnstorf im Kollbachtal. Begleitet von Baumreihen, radeln wir in der Direttissima bis auf die Kuppe, ständig mit schönen Ausblicken in die abwechslungsreiche Umgebung. Oben eine weite Ackerlandschaft, vereinzelt stol-
19 km ze Höfe, dazu die schmucke **Barockkapelle St. Antoni ❾**.
22 km Ähnlich wie in Landau thront auch in **Simbach** die Ortsmitte oben auf dem Berg. Ein sehenswertes Wirtshaus regiert mit seiner wuchtigen Fassade den Marktplatz. – Wieder folgt eine Traumabfahrt durch niederbayerisches Bauernland, lange durch lichte Kiefernwälder, abschließend bergab durch Eiselsdorf ins Kollbachtal.

Arnstorf ist ein geschichtsträchtiger Markt mit gleich zwei Schloß- *31 km*
anlagen. Ein kurzer Spaziergang im Park des **„Oberen Schlosses"** (14) lohnt sich immer. Die angenehm schattigen Plätze direkt am Wasser sind ideal für eine kurze Verschnaufpause voller Atmosphäre.

Dritter Gang: von Arnstorf nach Eichendorf im Vilstal. Mittlerweile ist das Reglement bekannt: Erst geht´s hinauf, dann wieder hinunter. Hinauf geht es flach, lang und in niederbayerischer Abgeschiedenheit. Hier finden wir weniger Baumgruppen und Gebüsche, dafür mehr Wald. Bevor wir steil nach Adldorf abfahren, präsentiert sich das Vilstal noch ein letztes Mal in gesamter Breite und Schönheit.

Das **Schloß in Adldorf** (18) bringt Abwechslung. Eine symmetrische *42 km*
Barockanlage mit Palmen in großen Pflanztrögen – zumindest im Sommer. Das Schloß ist in privater Hand, aber auch durch das Eisentor sehen wir genug.

In **Eichendorf** fahren wir auf dem *Rohrbacher Weg* und bald *45 km*
entlang einer Birkenreihe bis Rohrbach. Bei nasser Witterung kann man auch im Ort nach der Brücke rechts auf der Hauptstraße bleiben und erst außerhalb des Ortes nach links aufschließen.
Vierter Gang: vom Vilstal ins Isartal. Auf schattiger Waldstrecke erreichen wir die flache Kuppe. Jetzt beginnt der erlebnisreichste Teil dieses Radlermenues. Quasi ständig auf der Wasserscheide zwischen
Vils und Isar rollen wir nun 1,5 km auf einer **Panoramastrecke** (22), *53 km*
bis wir endgültig ins Isartal abfahren.

Die Weite der Ebene, die sich rechts öffnet, ist faszinierend. Die atmosphärische Tiefe endet erst an der zarten Horizontlinie des Bayerischen Waldes, der fast schon transparent erscheint. Im Vordergrund sattes, frisches Grün und im Hintergrund pastelliges Graublau. Die
Abfahrt nach **Gneiding** ist kurz, und nach dem Ort radeln wir plötz- *54 km*
lich in der Gäubodenlandschaft. Äcker, soweit das Auge reicht – und das ist weit in dieser ausgeräumten Agrarlandschaft.

Letzter Gang: das Isartal von Oberpöring bis Landau. Endlich eben! Vergessen die Anstiege, vorbei das Hügelland. Wenn Sie wollen. – Die Alternative für unersättliche Freaks führt von **Ettling** über Zeholfing und Frammering direkt nach Landau. Auf der verkehrsarmen Hauptstraße, immer der Beschilderung nach. Aber Achtung, was auf der Karte nach einer gemütlichen Runde aussieht, entpuppt sich vor Ort als regelrechte Powerstrecke. Mindestens fünfmal queren tiefe Talrinnen diesen Weg. Die Route ist faszinierend, kein Zweifel – aber sie wird Ihnen alles abverlangen.

58 km Die „Normaltour“ verläuft bis **Ettling** auf der Kreisstraße. Danach verlassen wir die Niederterrasse und queren die Isar. Auf Kieswegen am Hochwasserdamm und noch im Auwald erreichen
62 km wir **Kleegarten**, ein kleines Dorf mit schönem Namen. Von dort fahren wir auf der Hauptstraße durch das ehemalige „Frammeringer
67 km Moos“ bis direkt zum **Bahnhof Landau**.

Wer jetzt noch Appetit auf eine „Nachspeise“ verspürt, sollte sich die Stadt vornehmen. Neben den kulturellen Höhepunkten wie dem **Vorgeschichtsmuseum im Kastenhaus** ❶ gibt es in Landau selbst viel zu entdecken: mittelalterliche Plätze, stimmungsvolle Gassen, kleine Läden. Aber auch viele Cafés und Gaststätten. Guten Appetit!

Schloß Hagenau (Tour 12).

Die Dreifaltigkeitskirche im Vilstal (Tour 3).

Braunau (Tour 12).

Erlebnisse im Gäuboden zwischen Plattling und Deggendorf

Die Gäubodentour im Herzen Niederbayerns: Ob die weiten Zuckerrübenfelder, die vielen kleinen Dörfer oder die Flüsse Donau und Isar – typischer könnte der Gäuboden nicht sein. Ergänzt wird die Tour durch den Barock der Kirchen und Klöster, die vor tausend Jahren das Land „kultiviert" haben. Und das Schönste zum Schluß: weit und breit kein Berg!

Start und Ziel:	*Bahnhof Plattling*
Streckenlänge:	*70 km*
Steigungen:	*zu vernachlässigen*
Charakter:	*leicht; verkehrsarme Nebenstraßen und Radwege.*
Wegbeschaffenheit:	*67 km Asphalt, 3 km Sandstraßen.*
Bahnstationen:	*Plattling, Deggendorf.*
Verknüpfungen:	*Anschluß zu den Touren 1 und 5 bei Plattling, zu 7 bei Niederalteich.*
Informationen:	*Tourismusreferat Lkr. Deggendorf, Tel. 09 91/3 10 03 39; Fremdenverkehrsamt Plattling, Tel. 0 99 31/7 08 99.*

Nr.	km	Beschreibung
1	0,0	Vom **Bahnhof Plattling** li.; nach 500 m bei der Einmündung vor dem Stadtplatz li., unter der Bahn durch, bei km 0,75 re. ab in die *Ringkofener Straße* und immer auf der Hauptstrecke stadtauswärts.
2	2,1	Ca. 400 m nach Ortsende re. über den Bahnübergang auf die Nebenstraße abzweigen; am Ortsende **Ringkofen** bei der Einmündung bei 2,90 li. und bald über die Autobahnüberführung.
3	4,8	Bei **Rettenbach** an der Einmündung re. in den Ort; in der Ortsmitte bei 5,20 li. in die *Schmiedstraße* und an der Kirche vorbei; nach 350 m li. ab in die *Stauffendorfer Straße* und nun Ri. Stauffendorf.
4	6,5	Bei Stauffendorf die Vorfahrtstraße überqueren Ri. Stephansposching/Straßkirchen und durch den Ort.
5, 5	10,1	Auf freier Strecke re. Ri. „Bergham 0,5 km“; nach 400 m in **Bergham** an der ersten Wegegabelung li. und nach weiteren 100 m an der zweiten Wegegabelung (km 10,60) wieder links. Bereits in **Steinkirchen** an der Wegegabelung bei 11,15 re. in den *Kapellenweg*; am Hochwasserdamm li. und am großen Baggersee vorbei (ca. 250 m Kiesstraße); bei der Asphaltstraße bei 11,85 dann re. zur Vorfahrtstraße, dort wieder rechts; bei 12,60 re. zu den **Badeseen**.
6	14,6	In **Stephansposching** an der großen Kreuzung re. Ri. „Mariaposching über Donaufähre“; Fähranlegestelle bei 15,50 (**Fähre** kommt auf Zeichen); nach Überfahrt re. in den „Rittweg“ einbiegen (Donauradweg!).
7	16,4	Bei der Einmündung in die Hauptstraße re.; nach der Schwarzachbrücke bei 19,30 re. auf den Dammweg wechseln (Kiesstraße).
8	21,1	Auf Höhe der Siedlung **Zeitldorf** vom Damm nach li. in den Ort hinein; in der Ortsmitte bei 21,40 an der kleinen **spätgotischen Kapelle** re. Ri. Metten.
9	23,3	Über die Vorfahrtstraße geradeaus auf die Kiesstraße; nach 500 m bei der Einmündung an der Hausgruppe rechts.
10	24,7	In **Metten** stets geradeaus bis zur Einmündung bei 25,40 (gegenüber „Gasthof zum Kloster Metten“): dort re. und nach 50 m wieder re. bis zum Kriegerdenkmal am Dorfplatz (km 25,55), dort links zur **Klosterkirche** fahren. Nach Rückkehr bei der Einmündung am Kriegerdenkmal (km 25,85) li. und durch den Ort bis zur Donau; bei 26,90 die Vorfahrtstraße überqueren und 50 m weiter bis zum Hochwasserdamm; dort li., nach weiteren 400 m wieder li. über die Brücke, unter der Hauptstraße durch und bei der Einmündung in die Straße scharf re. auf dem Donauradweg bleiben.
11	30,4	In **Deggendorf** hinter der Bahnbrücke li. bergauf Ri. Bahnhof (Donauradweg schwenkt hier nach rechts!); vom Bahnhof (km 30,95) kurz re. und gleich wieder li. über die Vorfahrtstraße weg in die *Bahnhofstraße* Ri. Stadtmitte; dort bis zum *Stadtplatz* stets geradeaus über drei Kreuzungen.

12	**32,1**	Bei der Einmündung in den **Stadtplatz** beim **Rathaus** re. und über den Stadtplatz; bei 32,55 an der Kreuzung geradeaus Ri. Vilshofen und an der nächsten Kreuzung bei der großen Kirche bei 32,90 li. ab Ri. Vilshofen/Hengersberg (geradeaus über die Brücke Abkürzungsmöglichkeit nach Plattling über Fischerdorf!); nach 200 m re. auf den ausgeschilderten Donauradweg; bis Niederalteich auf dem Donauradweg bleiben.
13	**35,6**	Re. Ri. „Halbmeile Niederalteich" abzweigen.
	41,8	In einem Pappelhain kurz vor dem Wechsel Asphalt- zu Kiesweg li. ab Ri. „Klostergaststätte Niederalteich"; nach 200 m an der Vorfahrtstraße re. in den Ort; bei 42,55 re. in den *Guntherweg*
14		und nach weiteren 100 m li. zur **Klosterkirche Niederalteich**. Nach der Umkehr auf gleicher Strecke wie Anfahrt am Hochwasserdamm bei 43,60 li. ab und bis zur Fähranlegestelle (km 44,05); nach der Überfahrt durch den Auwald bis zum Hochwasserdamm und dort bei der Einmündung scharf re. ab (km 44,60).
	46,5	An der Wegegabelung li. auf der Asphaltstraße Ri. Kugelstadt (geradeaus auf ***Alternativroute*** über den schattigen Biergarten
15		**„Grieshaus"** nach Moos; zusätzlich ca. 4 km); bei 47,10 in **Kugelstadt** in der scharfen Linkskurve ortsauswärts.
16	**48,6**	In der Ortschaft **Forstern** stets geradeaus;
17	**49,9**	bei der Einmündung in die Vorfahrtstraße li. ab; in Moos bei 50,60 den ersten Abzweig re. Ri. Obermoos und bald durch schönen Laubwald; ab 53,60 durch das Straßendorf Kühmoos und die Hauptstraße bei 55,55 geradeaus überqueren Ri. Aholming.
18	**56,9**	In **Aholming** zuerst li. in die *Isarauenstraße*; bei der nächsten Einmündung nahe der Kirche (km 57,80) re. in die *Obere Römerstraße* Ri. Niederpöring; nach 200 m und kurzer Auffahrt re. Ri. Tabertshausen (km 58,00); nach der Abfahrt bei 58,65 über die Kreuzung geradeaus und anschließend durch „Moosmühle" nach Tabertshausen.
19	**60,3**	In **Tabertshausen** bei der Einmündung re. Ri. Plattling und bei 61,00 li. in die *Kapellenstraße*.
20	**62,7**	In der Siedlung Neutiefenweg bei der Einmündung neben der Kapelle re. auf den Dammweg und nach ca. 1 km an der Wegegabelung bei 63,75 geradeaus auf dem Kiesweg entlang dem Damm; weiter wie bei Tour Nr. 1 beschrieben (WW Nr. 14 bis 17).
21	**66,0**	Li. Ri. „Plattling 2 km";
22	**70,2**	Ende der Tour am **Bahnhof Plattling**.

Früher, ganz früher war der gesamte Gäuboden ein einziger Eichenmischwald. Damals, vor etwa 7 000 Jahren, kamen dann die ersten Siedler von der unteren Donau herauf und rodeten Inseln in den dichten Wald. Sie erkannten sehr bald, wie ertragreich die Lößböden sind. Emmer und Einkorn brachten reiche Ernte, und die wenigen

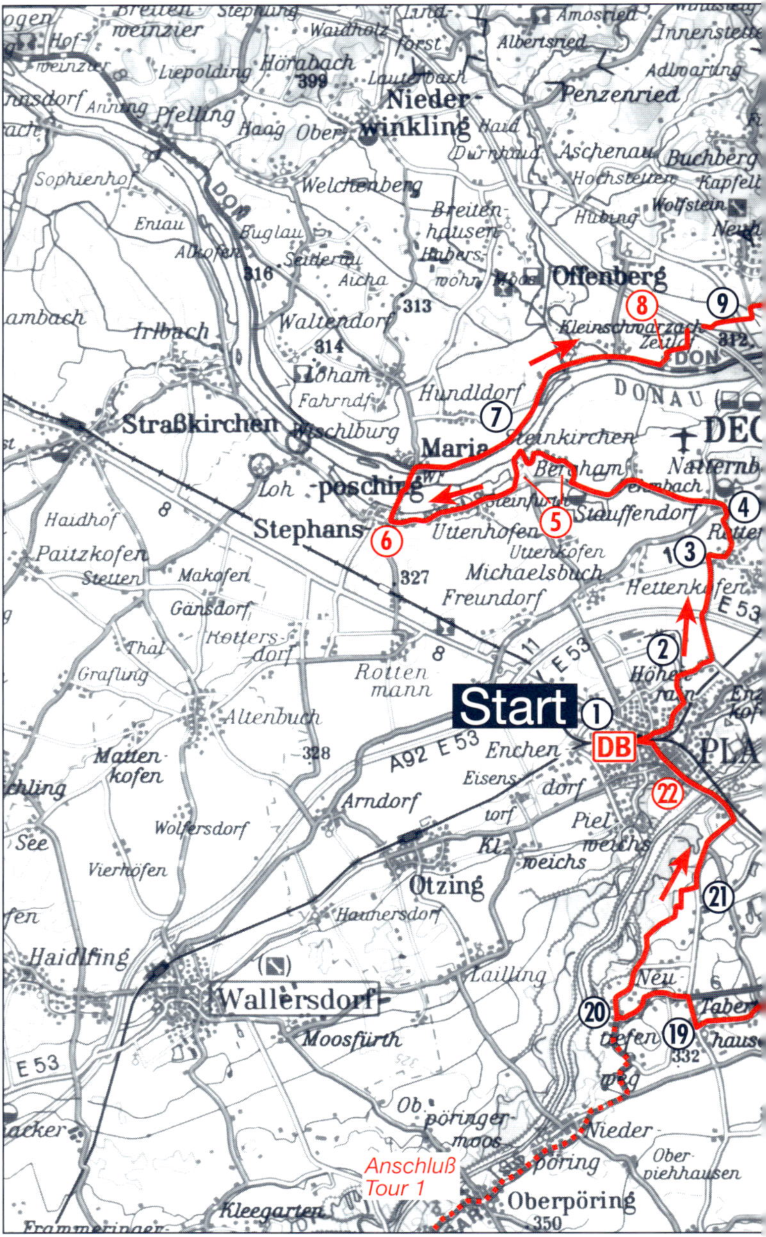
Start
DB
Anschluß
Tour 1
1
2
3
4
5
6
7
8
9
19
20
21
22
Nieder-
winkling
Offenberg
Straßkirchen
Maria-
posching
Stephans-
Wallersdorf
Otzing
Oberpöring
Hörabach
Pfelling
Welchenberg
Breiten-
hausen
Penzenried
Aschenau
Buchberg
Amosried
Albertsried
Adlmarting
Liepolding
Lauterbach
Waidholz
Haag
Irlbach
Entau
Alkofen
Buglau
Seiderau
Aicha
Waltendorf
Loham
Fahrndf
Mischlburg
Hundldorf
Kleinschwarzach
Zeitldorf
Steinkirchen
Bergham
Steinfurt
Stauffendorf
Uttenhofen
Michaelsbuch
Freundorf
Hettenkofen
Sophienhof
Haidhof
Paitzkofen
Stetten
Makofen
Gänsdorf
Thal
Rotters-
dorf
Rotten
mann
Grafling
Altenbuch
Matten-
kofen
Wolfersdorf
Vierhöfen
Haidlfing
Arndorf
Enchen
Eisens-
dorf
Haunersdorf
Lailling
Moosfürth
Ob.
pöringer-
moos
Nieder
pöring
Ober-
piehhausen
Kleegarten
Neu
Hochstetten
Hubing
Wolfstein
Hubers-
mohn
Haid
Dürnhaid
DONAU
DON
A92 E 53
E 53
8
11
399
316
313
314
327
328
312
332
350

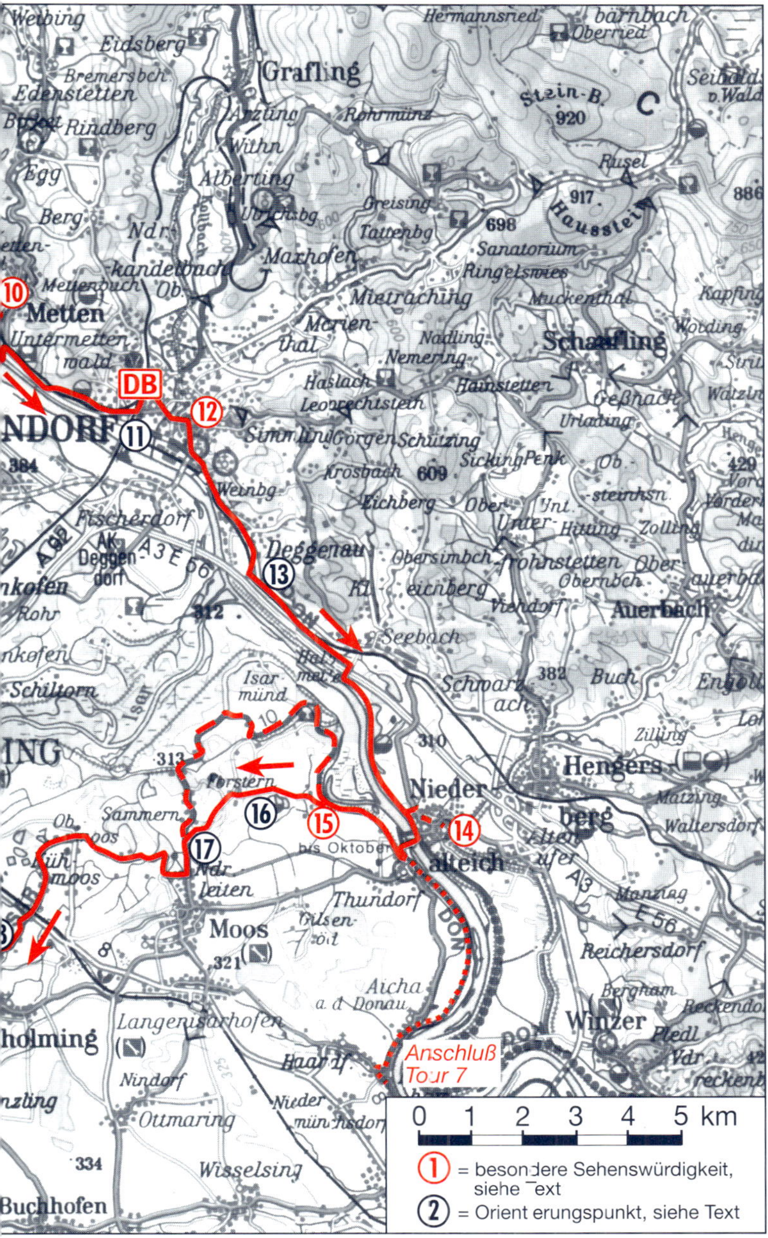
Grafling
Metten
DB
NDORF
Deggenau
Seebach
Isar mündung
Forstern
Sammern
Moos
Thundorf
Aicha a. d. Donau
Nieder alteich
Hengers berg
Auerbach
Schaufling
Winzer
Langenisarhofen
Ottmaring
Wisselsing
Buchhofen
bis Oktober
Anschluß Tour 7
0 1 2 3 4 5 km
① = besondere Sehenswürdigkeit, siehe Text
② = Orientierungspunkt, siehe Text

Rinder, Schafe und Schweine wurden schnell satt. Wo früher dichte Urwälder das Land fest im Griff hatten, breiten sich heute weite Ackerlandschaften aus: Zuckerrüben, Kartoffeln, Wintergetreide und Mais bestimmen das Bild. Nicht umsonst wird der Gäuboden die Kornkammer Bayerns genannt. Mit den ersten Besiedlern kamen aber auch viele neue Pflanzenarten ins Land, die vorher in den schattigen Wäldern keine Chance gehabt hätten: die blaue Wegwarte, die lila Skabiose, die cremefarbene Wilde Möhre, der gelbe Pastinak begegnen Ihnen am Wegrand.

Anders als in Norddeutschland, wo der Seewind meist für klare Sicht und dunkelblauen Himmel sorgt, bleiben die Tallagen der süddeutschen Flüsse häufig in einem weichen Licht gefangen, das die Kontraste mildert und die Farben dämpft. Darum werden Sie auf dem ersten Teil der Strecke den nahen Bayerischen Wald wohl eher als blaugraue Kulisse am Horizont erblicken. In dieser „durchsichtigen" Szenerie fallen sofort die vielen Baumreihen auf, die entlang der Straßen aufgepflanzt sind.

Vom nahen Donauufer künden im Norden einige Auwaldreste. Und immer wieder stehen Wegekreuze entlang der Straße. Eiserne, oft mit echten „Marterln" (Votivtafeln) oder steinerne – natürlich aus Bayerwald-Granit. Wie schön kleine Dörfer sein können,
10 km erleben wir anschließend in **Bergham** und **Steinkirchen** ❺.

Nach dem urbayerischen Motto „leben und leben lassen" sind Orte von ganz besonderer Gemütlichkeit gewachsen: kleine Gehölzgruppen als erlaubter Wildwuchs, Grünstreifen entlang der Dorfstraße, Obstbäume in den Gärten, geschmackvolle „Hanickl-Zäune" und phantasievoll angelegte Bauerngärten. Ein buntes Blütenmeer an Sommerblumen und Gartenstauden erfreut jeden Bewohner und Besucher. Wer hier Kind sein darf, der hat es gut.

Die **Baggerseen** ❺ bei **Uttenkofen** liegen idyllisch in einem kleinen Auwaldrest und wurden geschmackvoll zu einladenden Badeseen umgestaltet. Ein paar Kilometer weiter stehen wir auch
15 km schon am Donauufer und winken der **Fähre** ❻. Dieses hölzerne Unikum vereinigt niederbayerische Gemütlichkeit und die Beschränkung auf das absolut Notwendige.

Nun bestimmt die Fähre unseren Zeittakt für eine Weile. Auch den der Fischer, sie müssen alle 20 Minuten die Angelschnur aus dem Wasser kurbeln, damit sie die Fähre nicht abreißt. Übrigens: die Überfahrt mit dem Rad kostet eine Mark und fünfzig Pfennige!

Szenenwechsel. Ab Mariaposching radeln Sie auf dem offiziellen Donauradweg entlang dem Hochwasserdamm. Wer gleich hinter der Schwarzachbrücke rechts auf dem Dammweg weiterfährt, hat noch mehr von der Donau.

Aber auch linker Hand hat sich das Bild gewandelt. Deutlich löst sich jetzt der Vorwald aus der Hintergrundkulisse. Weiche bewaldete Hügelkuppen modellieren den Raum zu einer eindrucksvollen Landschaft.

Ein Kleinod ist wieder der Weiler **Zeitldorf ❽**. Eine idyllische *21 km*
Platzmitte, in der sich eine Kapelle mit dem Dorfweiher gruppiert, lädt zu einer kurzen Verschnaufpause ein.

Berühmt ist **Metten** wegen seines **Benediktinerklosters ❿**. Auch *26 km*
wenn die parkartigen Außenanlagen betont zurückhaltend angelegt sind, ist das Innere der Klosterkirche ein wahrer Sturm des bayerischen Barock: Eine üppige Ausstattung mit Seitenkapellen und Engeln konkurriert mit einem mächtigen Deckenfresko. Verbunden werden diese Elemente durch ein reiches Bandwerk aus Stuck. Einzigartig, was die Gebrüder Asam hier geschaffen haben. Wer ein Faible für Bibliotheken hegt, kommt auch um die barocke Klosterbibliothek nicht herum.

Nach einem kurzen Intermezzo auf einer Nebenstraße sind wir auch schon in Deggendorf und können uns am Bahnhof entscheiden, ob wir zurück nach Plattling den Zug oder das Rad nehmen. – Angenommen, wir bleiben „on Tour", dann fahren wir
bald auf den **Stadtplatz von Deggendorf ⓬**. *32 km*

Wer Straubing kennt, wird sich hier gleich heimisch fühlen. Beide Stadtplätze sind ähnlich: eine stark in die Länge gezogene Anlage, die durch ein zentrales Rathausgebäude in zwei Teilräume getrennt wird. Kirchenfreaks besuchen auch die „Kirche zum hl. Grabe", einen gotischen Bau von 1337 mit berühmtem Barockturm. Deggendorf ist lebendig und strahlt viel Dynamik aus. Der Nachteil sind die vielen Autos.

Die Strecke nach Niederalteich führt am Donauhafen vorbei, dem größten Binnenhafen Bayerns. Nach einem kurzen Stück am Autobahndamm taucht man aber wieder in die Radleridylle entlang der Donau ein.

43 km Das **Kloster Niederalteich** 14 ist ganz anders als das nahe Kloster Metten. Zwar auch barock, aber „cooler", weniger Schnörkel. Die beiden zeltartigen Turmspitzen wurden erst 1813 aufgesetzt, nachdem ein Blitzschlag ihre barocken Vorgänger verbrannt hatte. Von Niederalteich aus wurde ab dem 8. Jahrhundert erstmals auch der Bayerische Wald erschlossen und christianisiert. Es war eines der ersten Klöster nach der bajuwarischen Stammesbildung. Dadurch nahm es von Anfang an eine zentrale Rolle für die „Kultivierung" des Donauraumes ein. Heute ist Niederalteich mit der Landvolkshochschule weit im Umkreis bekannt.

44 km Die Fähre zurück zum Südufer der Donau ist moderner, schneller und teurer (DM 2,50) als ihr Pendant in Mariaposching. Jetzt radeln wir am Hochwasserdamm nach Nordwesten und haben nach gut 46 km die Qual der Wahl: entweder auf Kieswegen zum herrlichen Biergarten des **„Grieshauses"** 15, oder auf kürzerer Asphaltstrecke über „Kugelstadt" nach Moos. Bei Nässe ist die zweite Alternative günstiger, da kürzer und auf Asphalt.

51 km In Moos stehen einige Holz-Bauernhäuser, danach fahren wir durch den schönsten Laubwald der gesamten Strecke. Das Land ist wieder flach und weit, nur durch die Wäldchen gegliedert. Unbemerkt haben wir uns jetzt der Donau ab- und der Isar zugewandt. Die Landschaft bis Plattling wird intensiv ackerbaulich genutzt: von Blaukraut über Kartoffeln bis hin zum Mais gedeiht alles.

Kurz vor der Isarbrücke hätten wir die Gelegenheit, rechts zur romanischen **Kirche St. Jakob** 22 abzubiegen, einer Seltenheit
70 km in diesem Kulturraum. Nach der eisernen Isarbrücke geht es nach **Plattling** und bald über den stolzen Stadtplatz. Eine beidseitige Kastanienallee begleitet den Weg, und nach dem Platz wartet der Bahnhof.

Vom Hügelland ins Donautal – Kirchen und Klöster zwischen Vils und Donau

Dort, wo sich Gäuboden und Klosterwinkel überlappen, spornen sie sich gegenseitig zur Höchstform an. Der Gäuboden wird vom Tertiärhügelland und vom Bayerischen Wald in die Zange genommen und zeigt sich von seiner schönsten Seite. Der Klosterwinkel mit der ehemaligen Zisterzienserabtei Aldersbach sowie der Damenstiftskirche von Osterhofen führt vor, was der Barock in Niederbayern hervorgebracht hat. Dazu kommen die Flüsse Donau und Vils, die sich als ungleiches Paar bei Vilshofen vereinen.

Start und Ziel:	*Bahnhof Vilshofen*
Streckenlänge:	*57 km*
Steigungen:	*ca. 130 Höhenmeter*
Charakter:	*leicht; verkehrsarme Nebenstraßen und Radwege; 1 Anstieg hinter Walchsing.*
Wegbeschaffenheit:	*47 km Asphalt, 10 km Sandstraßen.*
Bahnstationen:	*Vilshofen, Osterhofen.*
Verknüpfungen:	*Anschluß zu Tour 8 bei Vilshofen, zu 9 bei Aldersbach (über Beutelsbach) und zu 6 bei Ruckasing.*
Informationen:	*Tourismusreferate Lkr. Deggendorf, Tel. 09 91/3 10 03 39, und Lkr. Passau, Tel. 08 51/39 72 16.*

Nr.	km	Beschreibung
1	0,0	Vom **Bahnhof Vilshofen** zur Hauptstraße und dort li., nach 150 m an der Ampel li. halten und nach der Unterführung bei km 0,55 re. Ri. „Freizeitzentrum";
2	1,4	an der 2. Kreuzung nach dem Abzweig re. bergab ca. 100 m zum Freibad, dort re. und nach 30 m li. auf den Treppenabgang zur schmalen Vilsbrücke, am anderen Flußufer bei der Einmündung scharf li. und auf die Kiesstraße in den Wald fahren; nun stets auf dem ausgeschilderten ***Vilstalradweg*** bleiben.
3	9,8	Vor Aldersbach an der Einmündung in den Kiesweg li. (Vilstalradweg verlassen) und nach 250 m an der Wegegabelung re. (km 10,05);
4	10,4	bei **Aldersbach** an Einmündung in die Asphaltstraße li.; bei 11,60 an der Vorfahrtstraße re. – zur **Klosteranlage** geradeaus über die Straße; bei 11,90 re. Ri. „Walchsing 2 km".
5	14,25	In **Walchsing** li. Ri. Kriestorf/Göttersdorf; nach 250 m re. Ri. Osterhofen/Wallersdorf; bei 14,85 an der Einmündung in die Vorfahrtstraße li. Ri. Osterhofen; nach 600 m re. bergauf Ri. Haag/Kramersepp.
6	17,1	Oben im Wald bei der Einmündung re. Ri. Osterhofen/Wallersdorf; nach 300 m beim ersten Haus li. Ri. Forsthart auf die **Höhenstrecke** fahren.
7	20,1	In **Forsthart** bei der Einmündung kurz re. und nach 50 m bei der Kirche wieder li. Ri. Obergessenbach;
8	22,2	in scharfer Rechtskurve im Wald bleiben und bald bergab fahren;
9	24,7	im Tal an der Kreuzung geradeaus Ri. Langenamming.
10	26,2	In **Langenamming** bei der Einmündung kurz re. und nach 100 m wieder li. bergauf Ri. Altenmarkt;
11	28,3	in **Altenmarkt** bei der Einmündung re. und nach 350 m in der Rechtskurve zur **Damenstiftskirche** halten – nach weiteren 100 m re. über die Stufen durch den Friedhof zur Kirche. Nach der Abfahrt bei 29,35 durch Linkskurve und an der nächsten Kreuzung (km 29,70) re. ab – nach 100 m li. zum **Bahnhof Osterhofen**.
12	30,5	Am Ende der *Bahnhofstraße* bei der Ampel li. Ri. Regensburg/Plattling und über den **Stadtplatz Osterhofen**. Ca. 150 m nach dem Stadtplatz bei 31,15 an der Kreuzung re. Ri. Haardorf/Thundorf und sofort nochmals re. in die Straße *Pöding* einbiegen; nach weiteren 400 m an der Kreuzung li. in die *Ruckasinger Straße* fahren und immer geradeaus bis Ruckasing.
13	33,8	Hinter **Ruckasing** die Hauptstraße geradeaus kreuzen Ri. Polkasing; nach 200 m an der Wegegabelung li. und an der „Radler-Information" vorbei fahren; an der Kreuzung bei 35,75 re. und entlang dem Damm auf dem „Donauradweg" bleiben bis ca. 39,60.
14	39,9	Nach rechts vom Damm weg und nach ca. 150 m bei der Brücke über den Sickergraben auf die Asphaltstraße;
15	40,8	in Schnelldorf bei der Einmündung am Ortsschild „Gramling" links.

16	**43,1**	Hinter Langkünzing an der Kreuzung li. auf dem Donauradweg bleiben; nach ca. 700 m am Trafo re. ab nach Künzing (km 43,85) – evtl. nach weiteren 200 m li. zur Kirche.
17	**45,4**	In **Künzing** geradeaus über die Hauptstraße Ri. Girching und nach 550 m li. in der abbiegenden Vorfahrt *Am Weiher* bleiben (km 45,95); nach der Überführung gleich li. Ri. Dorf/Reutholz; beim Schild „Girchingerfeld" (km 47,05) li. und stets geradeaus bis nach Pleinting.
18	**49,4**	Am Ortsrand von **Pleinting** unter der Straßenbrücke durch und oben bei der Einmündung re. auf den ***Donauradweg***: wie ausgeschildert durch Pleinting, am Ortsende bei 51,0 re. unter den Gleisanlagen durch, dann wieder li. ortsauswärts.
19	**54,6**	Unter der Straßenbrücke durch und an der Auffahrtsschleife li. ab. „Donauradweg/Sechssessel"; immer geradeaus bis Vilshofen.
	56,0	In **Vilshofen** bei der Einmündung neben den Bahnanlagen li. ab und unter der Eisenbahnbrücke durch – Vorsicht Ampel! Nach 100 m an der Einmündung re. halten und stets geradeaus bis
20		zum **Stadtplatz**; am Stadtplatzende (km 56,70) bei der Einmündung re.; nach der Vilsbrücke an der Ampel li., nach weiteren 150 m re. zum Bahnhof abzweigen; Ende der Tour am **Bahnhof Vilshofen** bei km 57,25.

In **Vilshofen** geht es gleich beim Schwimmbad über die schmale Kraftwerksmauer zum nördlichen Vilsufer. Dort treffen wir auf den Vilstalradweg und nutzen ihn bis Aldersbach. Die Strecke ist erlebnisreich, man radelt zwischen der Vils links und der Hangleite rechts auf gewundener Kiesstrecke.

Durch den Rückstau liegt der Fluß träge in seinem Bett. Erlen, Eschen und Weiden zwängen sich zwischen Sandstraße und Ufer. Rechts das Kontrastprogramm: trocken, schattig, steil. Ein dichter Hangwald zieht sich die hohe Leite hinauf. Die dunkelgrauen Stämme der Hainbuchen haben sich etwas um die eigene Achse gedreht, um noch sicherer am Hang zu stehen. Das Vilstal ist kurz vor der Mündung nicht grundlos so eng: Der Fluß bricht hier durch die südlichen Ausläufer des Grundgebirges durch, das sich unter der Donau bis hierher erstreckt.

Nach der Grafenmühle wechselt das Bild abrupt: Das Tal weitet sich nach rechts, und wir verlassen den Wald in die weite Flußlandschaft.

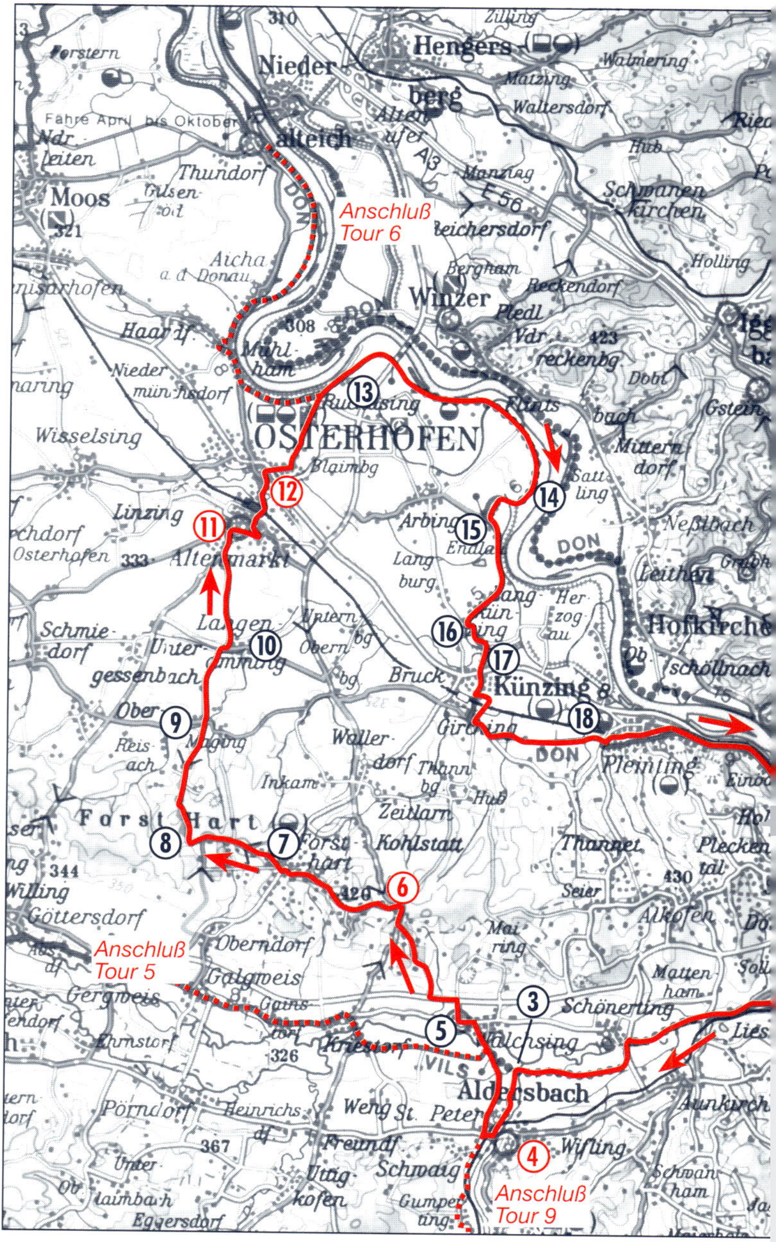
Anschluß Tour 6
Anschluß Tour 5
Anschluß Tour 9
Fähre April bis Oktober
Niederalteich
Hengersberg
Osterhofen
Winzer
Moos
Thundorf
Aicha a. d. Donau
Haardf
Mühlham
Niedermünchsdorf
Wisselsing
Linzing
Altenmarkt
Blaimbg
Arbing
Endla
Langburg
Langenamming
Untergessenbach
Obermaging
Reisach
Forst Hart
Forsthart
Göttersdorf
Oberndorf
Galgweis
Gergweis
Gainstorf
Kriestorf
Aldersbach
St. Peter
Walchsing
Schönerting
Künzing
Girching
Pleinting
Bruck
Wallerdorf
Zeitlarn
Kohlstatt
Inkam
Thannet
Alkofen
Seier
Mattenham
Wifling
Schwaig
Uttigkofen
Freundf
Heinrichsdf
Pörndorf
Eggersdorf
Gumperting
Sattling
Flints
Herzogau
Dobl
Mitterndorf
Neßlbach
Leithen
Hofkirchen
Schöllnach
Reichersdorf
Bergham
Reckendorf
Walmering
Matzing
Waltersdorf
Schwanenkirchen
Holling
Zilling
Forstern
Thundorf
DON
VILS
A3
E 56
310
308
321
333
344
367
326
420
423
430
1
2
3
4
5
6
7
8
9
10
11
12
13
14
15
16
17
18

Thurmannsbang
Schöllnach
Außernzell
Eging am See
Fürstenstein
Aicha vorm Wald
Rathsmannsdorf
Albersdorf
Vilshofen
Windorf
Kirchberg
Start
Anschluß Tour 8
20
DB
0 1 2 3 4 5 km
① = besondere Sehenswürdigkeit, siehe Text
② = Orientierungspunkt, siehe Text

Wer die Rott kennt, dem ist die Vils nicht fremd. Beide Flüsse haben ein sehr geringes Gefälle und weisen deshalb weit gezogene Schleifen auf. Westlich **Schönerting** breitet sich rechts die Flußlandschaft parkartig aus. Die ungewohnte Stille, die sich bereits kurz nach Vilshofen einstellte, verleiht der Tour einen besonderen Klang. Da hören wir erst wieder, wie reich die Vogelwelt entlang der Flüsse ist.

Links reiht sich Ackerfläche an Ackerfläche, nur kleine Gehölzgruppen brechen die Sicht. Von hier sehen wir bereits bis zur **Klosterkirche Aldersbach ❹**.

10 km Bereits im 12. Jahrhundert wurde in Aldersbach eine vorhandene kleine Kirche in eine romanische Basilika umgebaut. Der nochmalige Umbau im 18. Jahrhundert erfolgte dann der Zeit entsprechend im Barockstil. Kaum in die Kirche eingetreten, kann man sich leicht überwältigen lassen von einer barocken Inszenierung der Brüder Asam. Ähnlich wie in Niederalteich wird die Kirchendecke durch mehrere Fresken gegliedert, die mit reichen Stukkaturen gerahmt sind. Unter den Arkaden des Klosterhofes kann man dann noch im Klosterladen einkaufen und das Brauereimuseum besuchen.

14 km Nachdem das Vilstal bei **Walchsing** gequert wurde, wartet die Wasserscheide zwischen der Vils und der Donau. 100 Höhenmeter sind zu überwinden, der Anstieg ist jedoch moderat. Überaus genußvoll wird es nach dem Abzweig Richtung Forsthart. Jetzt sind
18 km wir 2 km lang die „Könige der Blicke"; abwechselnd nach links ins Vilstal und auch ab und zu nach rechts ins Donautal, eine traumhafte **Höhenstrecke ❻**. Die aufregend kurvige Abfahrt durch den bezaubernden Eichen-Buchen-Wald wird niemand missen wollen, ebensowenig den anschließenden Teil ins Donautal.

Wunderschön ist der Übergang von den bewaldeten Kuppen des Tertiärhügellandes auf die freien Lagen des Flußtales. Was auffällt: Baumreihen übernehmen jetzt die optische Führung in dieser weiten Agrarlandschaft. Der Blick endet erst am Bayerischen Wald, der mit
26 km seinem sanften Blaugrau das Bild rahmt. Das Dorf **Langenamming** verfügt noch über eine perfekte Dachlandschaft: Sämtliche Firstrichtungen orientieren sich am Ost-West-Talverlauf, die Dächer haben alle den gleichen Neigungswinkel und eine einheitliche Farbgebung. Es entsteht eine Impression von auffallender Harmonie.

Auf offener, aussichtsreicher Strecke nähern wir uns **Altenmarkt**.

Die erhabene **Damenstiftskirche** ⓫ ist weithin sichtbar, aber man *29 km* sieht es ihr von außen nicht an, welchen künstlerischen Reichtum sie im Innern verbirgt. Wieder waren die Brüder Asam am Werk, sie schufen Barock in Vollendung. Gegenüber steht die frühbarocke Wallfahrtskirche Santa Maria mit italienisch-schlichter Innenausstattung, aber barocker Ausstrahlung.

Nach der kurzen Abfahrt von der Hochterrasse auf die Niederterrasse sind wir auch schon in **Osterhofen**, der Schwester- *31 km* stadt. Wir haben hier Bahnanschluß.

Dreigeteilt begegnet uns **Osterhofen** ⓬: erst die „Vorstadt", dann die „Altstadt", zuletzt der eigentliche **„Stadtplatz"**. Zahlreiche Geschäfte, Cafés, Wirtshäuser. Schön sind die vielen geschmackvollen Gasthausschilder aus Schmiedeeisen. Hier fühlt man sich gleich heimisch, denn die Stadt ist lebendig, ohne hektisch zu sein. Nur kurz ist der Weg von hier bis zur Donau. Vereinzelte Silberweiden künden vom nahen Fluß.

Jetzt fahren wir bereits entlang der blauen Donau, das heißt neben dem Hochwasserdamm. Natürlich steigen wir auf den Damm und schauen uns um. Obwohl der Fluß noch frei fließt, hat er auch schon „Federn lassen" müssen. Die Ufer begradigt, ihrer Aue beraubt und hie und da eine geschwungene Flußschleife abgeschnitten, zeigt sich die Donau heute nicht mehr so, wie sie noch Napoleon sah.

Am Damm gibt es viel zu sehen: gelb blühende, hohe Königskerzen, dunkelblauen Wiesensalbei, cremeweiße Schafgarbe, rosafarbenes Leimkraut – je nach Jahreszeit. Bald spendet auch noch eine hohe Eschenreihe wohltuenden Schatten, und die vielen eingewachsenen Baggerseen bereichern das Bild. Alles ist brettleben, so daß wir die Tour ohne große Anstrengung genießen können.

Kurz nachdem der Kiesweg vom Damm weg schwenkt, fahren wir nach gut 40 km an einem hohen Holzkreuz vorbei.

Das haben die Gegner des geplanten Donauausbaus 1995 aufgestellt, als Mahnmal gegen die Zerstörung der Natur. Der Donauausbau begann im frühen 19. Jahrhundert, als die Dampfschiffahrt aufkam. Durch den neuen Antrieb wurden die Schiffe größer, und deshalb mußten auch die Brückendurchlässe erweitert werden. Außerdem wurde der Fluß begradigt. Später kamen noch Staukraftwerke zur Stromerzeugung dazu. Die Donau bekam eine Zwangsjacke, genauso wie die Isar und der Inn. Was bis jetzt noch blieb, sind etwa 70 km freie Fließstrecke zwischen Straubing und Vilshofen. Bis jetzt, denn ein weiterer Ausbau ist geplant, wenn vielleicht auch maßvoller als zunächst vorgesehen. Dabei ist die Donau nicht irgendein Fluß, sondern von jeher die zentrale Besiedelungsachse in Mitteleuropa gewesen. Bereits in der Jungsteinzeit wanderten in dieses Gebiet Volksstämme vom Mittellauf der Donau ein. Das war vor 7.000 Jahren. Die Römer erhoben sie zum bärtigen Gott „Danubius", und 500 Jahre lang markierte sie die Nordgrenze des römischen Weltreiches. Das war vor 2.000 Jahren. Seit dem frühen Mittelalter wurde die Donau als Verkehrsader für den Warentransport – vor allem von Salz und Getreide – genutzt. Flußaufwärts mußten die leeren Flöße anfangs von Menschenhand gezogen werden. Das war vor 800 Jahren. Noch im 17. Jahrhundert galt die Donau als „der" Fluß Europas. Und mit über 2.800 km hat sie in der Tat einen langen Weg bis ins Schwarze Meer. In Gramling und Endlau stehen große Tafeln mit Aufrufen zum Erhalt des jetzigen Flußlaufes.

45 km **Künzing** hat eine lange Geschichte, schon die Römer nutzten
49 km diese Lage für ein Kastell zur Grenzsicherung. Von **Pleinting** an stoßen wir wieder auf Urgestein, durch das sich die Donau hier gegraben hat.

56 km **Vilshofen** ist eine angenehme Stadt. Der **Stadtplatz** **20** wirkt lebendig, viele Straßencafés beleben den Raum. Einmal im Jahr, am Aschermittwoch, geht in Vilshofen „die Post ab". Wenn in anderen Gegenden der Katzenjammer des „Kehraus" die Leute trübsinnig macht, reist die Politprominenz zum deftigen Schlagabtausch an. Was der CSU die Nibelungenhalle in Passau bedeutet, ist der SPD oder den Grünen der **„Wolferstetter Keller"** in Vilshofen. Wir jedoch haben uns jetzt eine Erfrischung verdient. Prost!

Im Sommer gibt sich das Schloß Adldorf recht südländisch (Tour 5).

Das jährliche Keltenfest in Landau/Isar (Touren 1, 5).

Der Stadtplatz Deggendorf (Tour 6).

Hochwasserdämme entlang der Donau (Touren 6, 7).

Die große Passauer Rundfahrt vom Neuburger Wald zum Klosterwinkel

Eine abwechslungsreiche Runde leitet durch die Kulturlandschaft südlich von Passau. Die landschaftlichen Höhepunkte fesseln die Sinne, die kulturellen Leckerbissen unser Interesse. Am Anfang und Ende steht Passau mit einem reichen Angebot an Kultur und Kommerz.

Start und Ziel:	*Hauptbahnhof Passau*
Streckenlänge:	*45 km (49 km über Fürstenzell).*
Steigungen:	*ca. 280 Höhenmeter*
Charakter:	*leicht bis mittel; verkehrsarme Nebenstraßen und Radwege; 1 langer Anstieg bei Passau, 1 weiterer vor Rotthof.*
Wegbeschaffenheit:	*30 km Asphalt, 15 km Sandstraßen.*
Bahnstationen:	*Passau, (Fürstenzell,) Neukirchen.*
Verknüpfungen:	*Anschluß zu Tour 7 bei Passau (Donauradweg), zu 9 bei Fürstenzell und zum Inntalradwanderweg bei Vornbach.*
Informationen:	*Tourismusreferat Lkr. Passau, Tel. 08 51/39 72 16.*

Nr.	km	Beschreibung
1	0,0	Vom **Hbf. Passau** (Standort an der Radfahrer-Infotafel) li. auf den kombinierten Geh-/Radweg und nach ca. 100 m bei der Ampel li., nun stets geradeaus bis zum „Mediamarkt“;
2	2,6	dort li. auf die Überführung fahren und nach 180 m oben li. 20 m bergab **schieben(!)**; dort re. durch die Unterführung und gleich wieder li. bergauf Ri. „Radweg nach Neustift“; an der Einmündung bei km 3,05 re. ab und an den Einkaufsmärkten vorbei; gleich nach einer Ladengruppe (km 4,30) re. in die *Alte Poststraße*, dann stets geradeaus, über die Autobahn hinweg, weiterhin geradeaus auf die Kiesstraße in den „Wald Hochbuchet“ (km 7,70).
3	9,2	Im Wald li. ab Ri. „Heiligenbrunn/Platte“ und stets geradeaus bis zum Waldende;
4	11,9	am Waldende bei der Einmündung in die Vorfahrtstraße re. ab.
	12,4	Auf offener Strecke li. Ri. Gföhret/Kleingern; nach 300 m wieder li. Ri. „Platte“ abbiegen und bis 13,20 zum Parkplatz des
5		**„Gasthaus Platte“** fahren (traumhafte Ausblicke!); nach Umkehr an der Einmündung bei 13,55 kurz li. bergauf und nach 50 m an der nächsten Einmündung wieder li. Ri. Kleingern. Bald aussichtsreich bergab, bei 16,75 an der Einmündung kurz re. und nach 60 m wieder li. Ri. Neukirchen.
6	19,1	Nach weiterer Abfahrt an der Einmündung bei **Neukirchen** nach li. durch den Ort (nach 30 m Bahnhof!); nach dem Ortsende bei 20,40 re. Ri. Dommelstadel/Fürstdobl.
7	22,4	Nach der Autobahnüberführung auf der Kuppe re. Ri. **Höch**; am Ortsende bei 23,85 an der Einmündung re. bergab.
8	26,3	Nach Abfahrt bei der Einmündung li. bergauf Ri. „Neuburg am Inn 5 km“; auf der Kuppe bei 27,50 geradeaus.
9	28,0	Auf hoher Lage vor „Weiher“ re. ab und bald bergab; bei der Einmündung bei 28,95 li., bei 29,70 an der Einmündung re. bergab und gleich wieder li. einordnen; bei 29,85 li. Ri. Vornbach.
10	30,7	In **Vornbach** vor der **Klosterkirche** li. abbiegen Ri. „Reuth/ Radweg Passau“; nach 100 m re. auf den Kiesweg und bald in den Hangwald – Fahrweg stellenweise sehr schmal.
	31,8	Im Wald an der Wegegabelung re. bergab Ri. Passau und ab der
11		**Vornbacher Enge am Innufer** entlang bis in die Stadt immer geradeaus.
12	41,1	In **Passau** gleich nach dem Krankenhaus re. in den *Rosenberger Weg* und zum Innufer; dort li. halten und stets am Ufer entlang.
	43,1	Die Zufahrt zur Innbrücke geradeaus überqueren und auf dem Gehweg durch die schmale Gasse (Einbahnstraße!) ca. 200 m
13		zum **Residenzplatz** schieben – hier li. am Brunnen vorbei 250 m
13		zum **Domplatz** ; am Ende des Platzes re. und nach nur 30 m wieder li. in die *Schrottgasse*; nach weiteren 150 m am Ende des
13		**Rathausplatzes** li. ab und immer am Innufer bleiben.
14	45,0	Vor dem „Rotel-Inn“ li. durch die Unterführung und gleich wieder re. auf dem Radweg bleiben; bei der Einmündung in den Parkplatz nach 100 m li. bergauf in die Nebenstraße; nach 100 m die Vorfahrtstraße geradeaus überqueren und zum Ziel, dem **Hauptbahnhof Passau** (km 45,30).

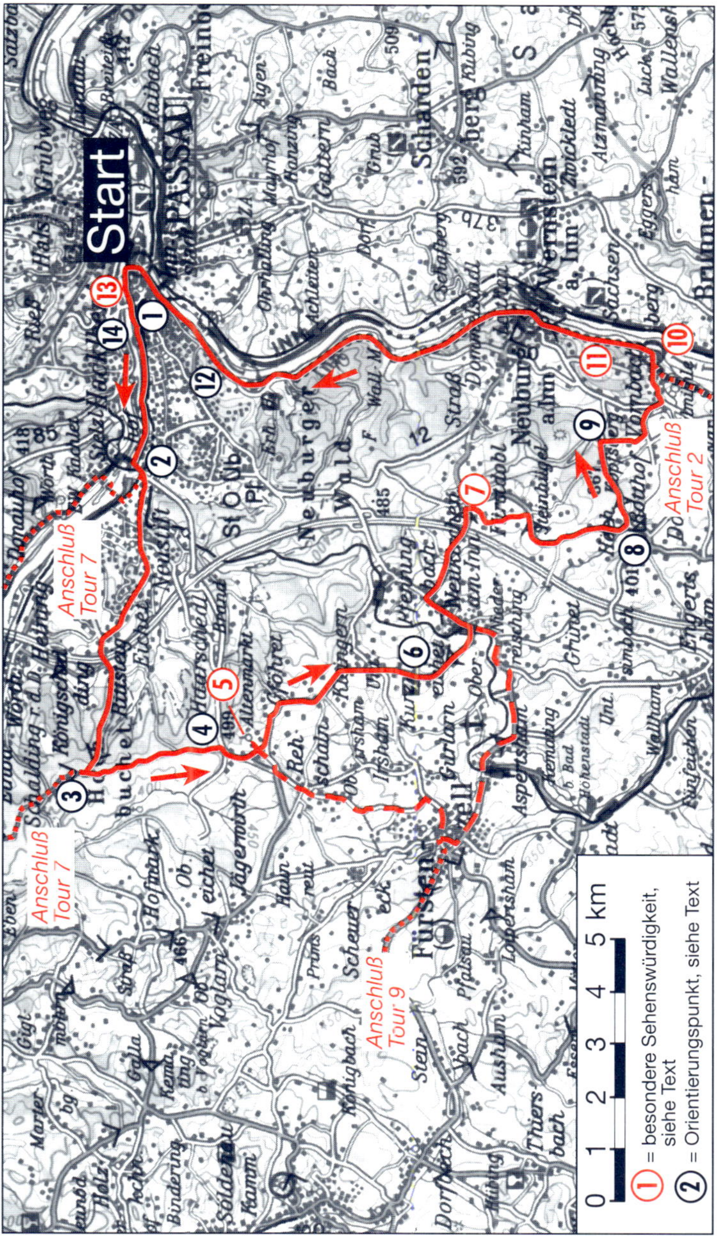
Start
PASSAU
Anschluß Tour 7
Anschluß Tour 7
Anschluß Tour 9
Anschluß Tour 2
Neuburger Wald
Neustift
Neuburg
Fürstenzell
Schärding
0 1 2 3 4 5 km
1 = besondere Sehenswürdigkeit, siehe Text
2 = Orientierungspunkt, siehe Text

Die anstrengendsten Passagen bringen wir gleich zu Beginn hinter uns. Vor dem Stadtteil Neustift geht es rechts in die „Alte
4 km Poststraße“ ab.

Die Blicke zum Neuburger Wald im Süden und zum Bayerischen (Vor-) Wald im Norden gestalten sich zunehmend schöner. Es ist leicht vorstellbar, wie damals die Pferdegespanne „geschnauft“ haben, um die Kutsche mit der vielen Post über den Berg zu bringen – den
8 km Kuppenwald Hochbuchet. Der Wald bringt eine willkommene Abkühlung. Es tauchen immer wieder Inseln von Kiefernbeständen auf, ein deutlicher Hinweis auf mageren Kiesboden.

Nach kurzer Strecke auf der Hauptstraße folgt der Schwenker
13 km Richtung „Gföhret“ zur „Platte“ ❺. Mit 505 m ist hier der höchste Punkt der Tour erreicht.

Die beeindruckenden Fernblicke zum Bayerischen Wald und ins Hügelland bekommt man gratis dazu. Auf der „Platte“ dürfen Sie sich entscheiden: Normalerweise würde ich die Route über Fürstenzell und Neukirchen vorschlagen – wegen dem „Dom des Rottals“, der Klosterkirche in Fürstenzell. Die wird allerdings gerade renoviert, und das soll bis ins Jahr 2001 dauern. Bliebe da noch die Klosterbibliothek im „Deutschmann-Rokokostil“. Da kommen Sie aber auch nur werktags um 15 Uhr hinein, nach Voranmeldung.

Deshalb rate ich zur Alternative über Gföhret, sie ist ohnehin landschaftlich nicht zu überbieten. Bis Neukirchen rollen wir ständig mehr oder weniger bergab und auch von den flachen Passagen haben wir Panorama-Fernblicke, die in dieser Gesamtheit einmalig sind.

Die Landschaft ist hier vollkommen offen, nichts stört den freien Blick in die Tiefe des Raumes – in die Kulturlandschaft des Klosterwinkels.

Bei klarer Sicht tauchen in der Ferne sogar die Alpen auf, über 100 km von hier entfernt. Es fällt schwer, sich von diesen Eindrücken wieder loszureißen und weiterzufahren.

Für die Eiligen gibt's in **Neukirchen** eine Bahnstation – sogar 19 km
mit einem kleinen, putzigen Biergarten. Nach dem Ort folgt
der „Sprung" über die Autobahn hinauf nach **Höch ❼**. 22 km

Hier sind wir wieder weit weg vom Zivilisationslärm. Eine Hügelkuppe mit einer Handvoll Bauernhöfen und einigen Wohnhäusern, vorbei an Obstwiesen, grünen Viehweiden und blühenden Blumen am Straßenrand. Und wieder Ausblicke fast ohne Grenzen bevor es steil bergab geht.

Ein letztes Mal dürfen wir hinauf zu einer Kiefernwaldkuppe, bevor wir über das ländliche Rotthof nach Vornbach steuern.

Das Besondere an **Vornbach** ist die **Kirche des ehemaligen Benedik-
tinerklosters ❿**, eine wahre Perle im Inntal. Die Kirche liegt direkt 31 km
neben dem Inn, der sich hier bereits für die „Vornbacher Enge" rüstet – den Durchbruch durch das harte Granitgestein. Kirche und Doppelturm sind beeindruckend: Die prächtigen Deckenfresken werden von den übergroßen Kirchenfenstern hell erleuchtet; die reiche Stuckverzierung um die Fresken herum ist bereits dem Rokoko zugeneigt.

Der letzte Teil ist der ruhigste und verläuft direkt entlang dem Inn. Unmittelbar bei der Einfahrt in den Hangwald treffen wir auf Granitblöcke – der erste Hinweis auf das Urgestein des Bayerischen Waldes. Immer wieder treten aus dem Hang Schichtquellen aus, deshalb sollten wir stets mit einem Auge auf den Weg achten.
Kurz nach der **Vornbacher Enge ⓫**, die sich als tiefer Einschnitt des 32 km
Inn in das Urgestein darstellt, führt uns der Weg ans Ufer.

An einem Klettergarten kommt man bei Neuburg vorbei: links die steilen Granitwände, rechts der Inn. Diese Szenerie ist ein Traum für alle Kletterer, aber auch für uns Radfahrer, als Beobachter der Steilwandakrobaten. Bereits kurz vor der Staustufe Ingling fließt der Inn träge und breit dahin. Dort wird eine andere Sportart gepflegt, die Bootsregatta.
Vorbei sind nun die kühlen Waldpassagen, das Inntal weitet sich plötzlich wieder. Dafür steigen links Hangwiesen steil hinauf, im Juli voll mit cremefarbenem Wiesenkerbel und dem Zirpen der Grillen.

41 km Beim Krankenhaus schwenkt der Weg wieder zur Uferpromenade. Kurz danach herrscht lebhaftes Treiben auf dem Weg und auch auf dem angrenzenden Campus der Universität. Fast ohne es zu merken, fahren wir auch schon in die Altstadt, respektive
43 km auf den **Residenzplatz** ⓭.

Hier begegnen sich die gotische Altstadt und der Barock der Sakralbauten, trotzdem paßt das eine zum anderen. Wie Sie wissen, hat Passau einen **Dom** ⓭. Nicht nur das, im Dom wird täglich auf der größten Kirchenorgel der Welt gespielt. Und vor dem Dom spielt sich jeden Freitagvormittag ein quirliger Wochenmarkt ab, bei dem auch viele österreichische Ständler aus dem Inn- und Mühlviertel ihre Spezialitäten feilbieten. Passau hat aber weit mehr zu bieten als die bekannten Kirchen, Klöster und Museen. Denn die Stadt ist regelrecht arrangiert um die drei Flüsse, die bei ihr zusammentreffen. Kein Wunder, daß auch die Römer schon hier waren.

Beim **Rathausplatz** ⓭ treffen wir wieder auf die Donau. Vorbei an den vielen Schiffen kehren wir entlang der Donaupromenade
45 km zurück zum Ausgangspunkt.

Bäderland und Burgenland – Kulturlandschaft zwischen Bad Birnbach und Bad Griesbach

Diese landschaftlich außerordentlich schöne Tour bewegt sich im Hügelland nördlich der beiden Kurorte Bad Birnbach und Bad Griesbach. Man erlebt auch Beispiele kirchlicher Eigenart wie in der Wallfahrtskirche Sammarei. Oft radeln wir an Bachläufen entlang, aber dazwischen liegen einige kräftige Anstiege.

Start und Ziel:	*Bahnhof Bad Birnbach/Schwaibach*
Streckenlänge:	*59 km*
Steigungen:	*ca. 530 Höhenmeter*
Charakter:	*schwer, meist kaum befahrene Nebenstraßen; 2 starke Anstiege bei Ortenburg und vor Griesbach.*
Wegbeschaffenheit:	*gut 58 km Asphalt, knapp 1 km Sandstraßen.*
Bahnstationen:	*Bad Birnbach/Schwaibach, Bayerbach.*
Verknüpfungen:	*Anschluß zu Tour 2 bei Schwaibach, zu 8 bei Ortenburg (über Fürstenzell), zu 11 bei Bayerbach.*
Informationen:	*Tourismusreferate Lkr. Rottal-Inn, Tel. 0 85 61/2 02 68, und Lkr. Passau, Tel. 08 51/39 72 16*

Nr.	km	Beschreibung
1	0,0	Vom **Bahnhof Bad Birnbach/Schwaibach** li. Ri. Kurgebiet; nach der Rottbrücke (km 0,45) re. in die *Badstraße* einbiegen;
2	1,5	im **Kurgebiet** von Bad Birnbach an der Querstraße re., nach 280 m durch eine Linkskurve, nach weiteren 200 m (km 2,07) an der Hauptstraße re., an der folgenden Kreuzung (km 2,25) li. Ri. Vilshofen halten und in dieser Richtung bis zum Ortsende von Kroißen (km 12,50).
3	12,5	Hinter **Kroißen** nach der Bachbrücke re. Ri. Haarbach; nach 700 m re. Ri. Oberndorf/**Wallfahrtskirche Grongörgen**; nach der Besichtigung der Kirche nach re. zur Hauptstraße zurück und dort an der Einmündung wieder re. (km 14,85).
4	15,7	In **Haarbach** an der Kreuzung li. Ri. Ortenburg.
5	19,1	In einer Rechtskurve li. Ri. Sammarei – **Wallfahrtskirche** bei 19,60; in **Sammarei** bei 20,60 re. Ri. „Ortenburg/Afham 4 km", nach ca. 200 m über die Bachbrücke und dann der Rechtskurve folgen.
6	24,2	Bei der Einmündung li. ab; hinter Afham bei 24,80 geradeaus über die Hauptstraße nach **Ortenburg**.
7	25,8	Am gepflasterten Marktplatz li. und nach 250 m am Marktplatzende rechts bergauf Ri. Sandbach; nach weiteren 50 m links in die **Lindenallee**; bei 26,70 an der Hauptstraße re. bergauf und nach 150 m re. ab Ri. **„Schloß/Wildpark"** (200 m zum Schloß). Wieder zurück an der Hauptstraße bei 27,25 re. bergauf, bei 28,10 auf der Kuppe re. Ri. „Evangelische Kirche". Alternative: noch 50 m weiter fahren und dann li. Ri. „Vogelpark Irgenöd" (ca. 2 + 2 km zusätzlich).
8	28,9	Nach dem Kriegerdenkmal an der Kreuzung geradeaus bergab Ri. „Dorfbach 2 km"; bei 29,65 auf aussichtsreicher Panoramastrecke li. Ri. „Dorfbach 1 km" und unten in **Dorfbach** bei 30,85 an der Hauptstraße links.
9	32,5	Bei Steinbach re. Ri. Bad Höhenstadt/Ausham; gleich hinter der ersten Hausgruppe bei 33,75 re. auf die schmale Asphaltstraße (nicht ausgeschildert!).
10	35,1	An der Wegegabelung vor der Ortschaft Essenbach re. halten.
11	38,3	In **Schmidham** ab der ersten Einmündung stets geradeaus auf der Hauptstrecke Ri. Griesbach: durch Reutern (km 40,50) und ca. 400 m nach Ortsende von Reutern re. bergauf Ri. Kager/Churfürst/Kopfstätt.
12	43,3	Nach der Kuppe an der Einmündung geradeaus Ri. Griesbach. – ***Abstecher*** zur **„Haberkirche"**: ca. 20 m nach dem Ortsschild von Griesbach li. Ri. „Waldlehrpfad/Hallenbad" und ca. 1 km stets geradeaus in den Wald bis zum Parkplatz; dort li. an der Infotafel vorbei auf den Rundweg Nr. 5, dann wie ausgeschildert. – Am Stadtplatz von **Griesbach** bei 44,70 re. Ri. Weng/Parzham und bald steil bergab – zum Kurgebiet geradeaus ca. 3 km. Nach der Bachbrücke während der Bergauffahrt bei 45,45 li. Ri. Hub/Höllthal/Eden.
13	49,0	In **Aicha** bei der Einmündung. li. – ***Abstecher*** zum **„Bruder-Konrad-Haus"** nach **Parzham** re., zusätzliche Strecke ca. 2,5 km –,

		nach der Unterführung an der Einmündung bei 50,05 rechts und nach 100 m li. Ri. Bayerbach.
14	**52,0**	In **Bayerbach** an der Einmündung re. bergab und vor dem Bahnübergang li. Ri. Bahnhof (km 52,85) danach an der nächsten Kreuzung bei 53,50 geradeaus auf die schmale Sandstraße (nach 800 m wieder asphaltiert).
15	**55,1**	In **Luderbach** an der Einmündung li. und nach ca. 300 m bei der nächsten Einmündung re. ab Ri. Bad Birnbach/Asenham.
16	**56,8**	Bei der Einmündung nahe der Rottbrücke li. Ri. Asenham/ Bleichenbach;
17	**58,1**	nach der Ortschaft Bleichenbach an der Einmündung re. Ri. Bad Birnbach; Ende der Tour **beim Bahnhof Bad Birnbach/ Schwaibach** bei km 59,20.

Nach wenigen Minuten auf dem Rad sind wir bereits mitten im **Kurviertel ❷** von **Bad Birnbach**, der Nachahmung eines niederbayerischen Dorfes.

Wer dazu aufgelegt ist, kann sich nach der Tour im „Vitarium" wieder regenerieren. Aber auch das alte Birnbach mit der schön gelegenen Kirche ist immer einen Besuch wert.

Auf der Route nach Haarbach durchquert man niederbayerische Bauernlandschaft mit Modellcharakter: saftig grüne Wiesen und Baumhaine an den Bächen, durch Hecken und Raine reich gegliederte Hänge, dazu Panoramapunkte mit schönen Talblicken.

Für die Wißbegierigen: der Panoramapunkt ist zugleich Wasserscheide – nicht nur zwischen der Wolfach und dem Birnbach, auch zwischen der Rott und der Donau. Wir fahren auf einer Straße, die noch dem Gelände folgt. Die Dörfer ländlich, oft bäuerlich. **Wolfakirchen** als Beispiel: noch gut erhaltene Bausubstanz, beweidete Obstgärten, eine direkt zwischen den Höfen gelegene kleine Kirche. Hier läßt sich der Begriff Heimat wohl ideal beleben – und wir sind mittendrin!

Bei **Grongörgen ❸** erwarten uns bezaubernde Landschaften wie *14 km*
der wunderbar durch Ranken gegliederte Hügelrücken links oder die Obstbaumreihe entlang der Straße. Die Kirche ist spätgotisch, teilweise barockisiert und Papst Gregor dem Großen geweiht, daher auch der seltsame Name Grongörgen. Besonders selten und kost-

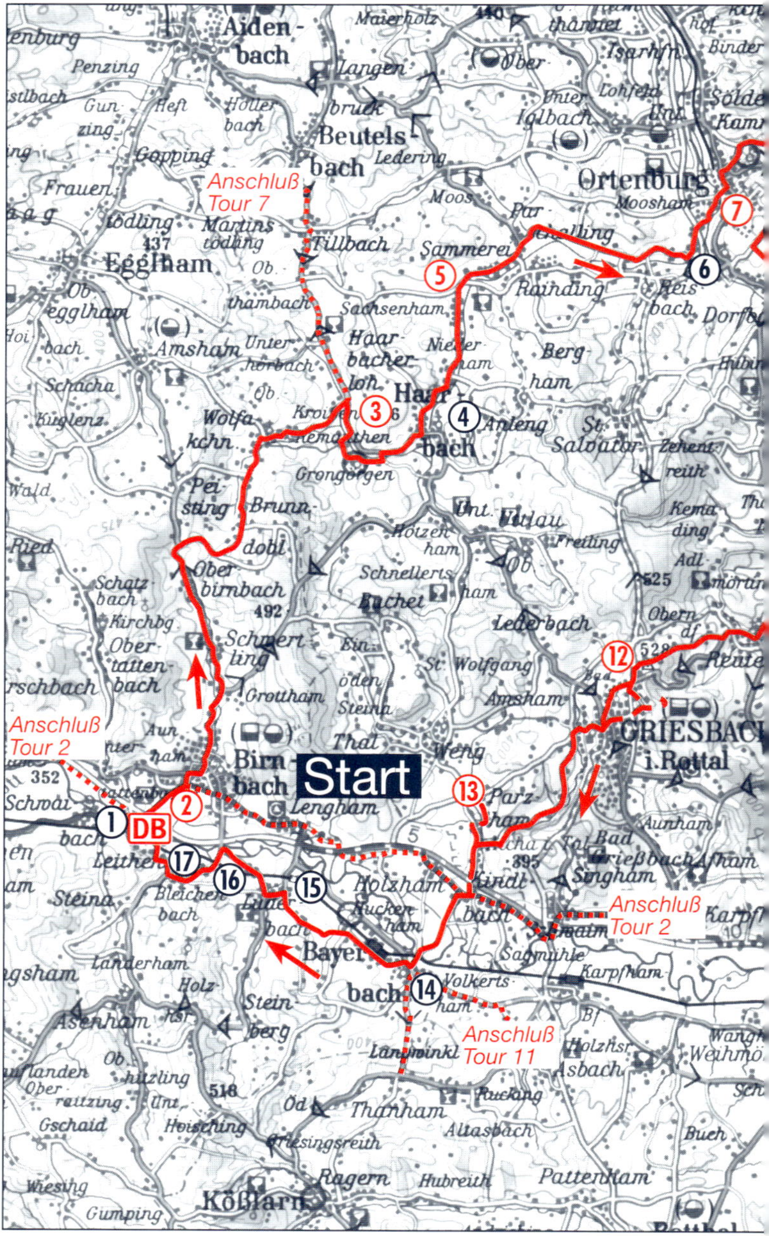
Aidenbach
Beutelsbach
Ortenburg
Egglham
Anschluß Tour 7
Haarbach
Birnbach
Start
DB
Anschluß Tour 2
GRIESBACH i.Rottal
Bayerbach
Anschluß Tour 2
Anschluß Tour 11
Kößlarn
1
2
3
4
5
6
7
12
13
14
15
16
17

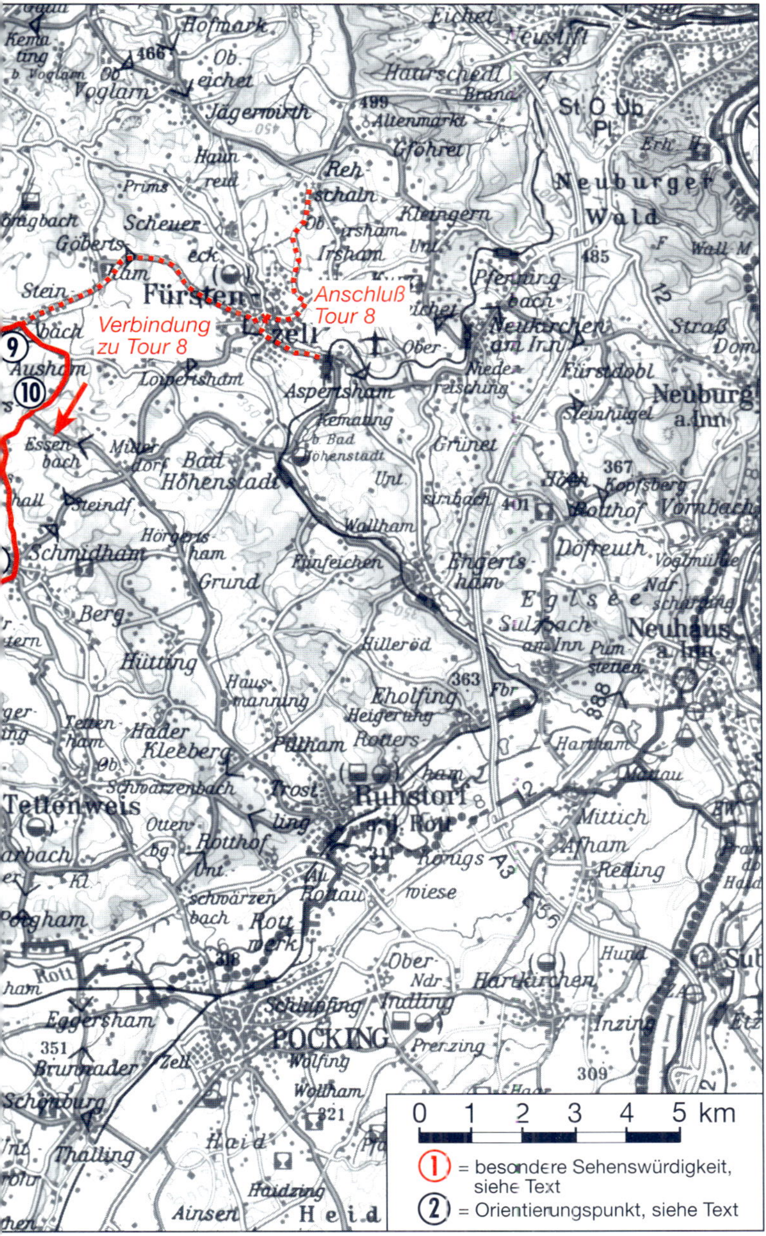
Hofmark
Ob. eichet
Voglam
Jägerwirth
Haarschedl
Altenmarkt
Eichet
Neustift
Gföhret
Reh-schaln
Kleingern
Neuburger Wald
Scheuer-eck
Göberts-ham
Prims
Fürsten-zell
Anschluß Tour 8
Verbindung zu Tour 8
9
10
Aushum
Pfenning-bach
Neukirchen am Inn
Ober
Nieder-reisching
Fürstdobl
Neuburg a. Inn
Aspertsham
Kemating b. Bad Höhenstadt
Loipertsham
Essen-bach
Bad Höhenstadt
Grünet
Steinhügel
Kopfsberg
Rotthof
Vornbach
Schmidham
Hörgers-ham
Grund
Wallham
Fünfeichen
Engerts-ham
Döfreuth
Eglsee
Sulzbach am Inn
Neuhaus a. Inn
Berg
Hütting
Hilleröd
Eholfing
Heigerting
Haus-manning
Pillham
Rotters
Hader
Kleeberg
Tettenweis
Ruhstorf a. d. Rott
Trost-ling
Rotthof
Mittich
Afham
Reding
Königs-wiese
Rottau
Rott
Ober-Ndr-Indling
Hartkirchen
Schlupfing
POCKING
Prenzing
Inzing
Eggersham
Brunnader
Zell
Schönburg
Thalling
Wolfing
Wollham
Haid
Haidzing
Ainsen
Heid
0 1 2 3 4 5 km
1 = besondere Sehenswürdigkeit, siehe Text
2 = Orientierungspunkt, siehe Text

bar: die original gotischen Glasfenster und die 500 Jahre alten Fresken. Mir gefällt das Tuffsteinportal im Süden, dazu die schwere Holztüre mit gotischem Eisenbeschlag.

In **Haarbach** wartet ein kleiner, aber stimmungsvoller Bier-
16 km garten direkt an der Straße auf uns und in der **Sammarei ❺**
20 km eine ganz besondere **Wallfahrtskirche**. Zwischen diesen Orten durchfahren wir eine weite, noch intakte Kulturlandschaft entlang der Wolfach.

Die Sammarei: abgeleitet von „Sankt Marei“ (1521), einer kleinen Hofkapelle. Der Hof brannte 1619 ab, nicht jedoch die hölzerne Kapelle und der Quittenbaum am Spalier. Der trug das Jahr darauf schon wieder reiche Frucht: ein Wunder! Es kamen bald die Wallfahrer. Und sie bekamen auch eine größere Kirche, die kurzerhand über der Holzkapelle errichtet wurde. Genauso stehen die beiden noch heute beisammen. Durch drei Aussparungen des Hauptaltars ist die Holzkapelle mit den unzähligen Votivtafeln zu sehen. Der Hauptaltar ist aus dunkelstem Holz gemacht, das besonders gut mit dem leuchtenden Blattgold kontrastiert. Unter der sehr plastischen Figuration und Ornamentik versteckt sich der „Engel der Sammarei“: Maikäferflügel, ein Bein mit Strumpf, das andere mit Stiefel, den Finger unzweideutig an die Stirn gerichtet. Noch heute werden im Rottal unordentlich gekleidete Kinder verspottet mit dem Ausruf „du schaust aus wia da Engl d'Sammarei!“

Die Landschaft bis Ortenburg zeigt sich als farbenfroher Fleckerlteppich mit den Hauptfarben Grün, Ziegelrot und Fassadenweiß. Eine Genußstrecke.

Bereits bei der Ortseinfahrt präsentiert **Ortenburg ❼** sein Wahrzeichen: hoch oben das **Schloß**, etwas unterhalb davon die
26 km Kirche. Gesäumt von **alten Linden** steigt die schattige Straße hinauf.

Heute ist das Schloß ein beliebtes Ausflugsziel: eine reich geschmückte hölzerne Kassettendecke aus der Spätrenaissance im Schloß selbst, Ritterspiele alle zwei Jahre im Juni (nächstes Mal wieder 1998), ein uriger Schloßkeller. Das interessante Schloßmuseum sollte man nicht versäumen. Wer Kinder dabei hat, kommt an dem benachbarten Wildpark ohnehin nicht vorbei. Knapp 2 km weiter nördlich gibt es dann noch den Vogelpark Irgenöd.

Die Abfahrt über den „Galgenberg“ wird zu einem beeindruckenden Erlebnis: Ständige Ausblicke nach zwei oder sogar drei Richtungen fesseln die Sinne. Nach der kurzen Strecke bis Steinbach *32 km* tauchen wir wieder ein in abgelegene Kulturlandschaften ohne Hektik und Streß.

Wir werden beschenkt mit überreichen Eindrücken eines bäuerlichen Lebensraumes und dürfen häufig schöne Ausblicke genießen.

Für Sportliche wartet nach Reutern die Herausforderung schlechthin: der Anstieg hinauf zum Griesbacher Berg, 1,7 km lang und 150 m hoch. Zögern Sie nicht, Ihr Rad zu schieben. Gut lassen sich so die Bein- und Fußmuskeln beim Gehen dehnen. Wenn wir nach hinten schauen, dringen die Blicke bis weit nach Norden, zum Bayerischen Wald und zum Böhmerwald. Dazwischen liegen die weichen Kuppen des Hügellandes. Oben auf dem Berg ist für diese Rundtour die meiste Arbeit getan.

In **Griesbach** selbst dann viel Publikum im gesetzteren Alter, nordi- *45 km* sche Dialekte, die Stadt „hergerichtet“ – das nahe Kurgebiet strahlt aus. Schon die burgähnliche Lage auf dem langen Geländerücken hebt es aus der Masse der Siedlungen heraus.

Im Wald östlich von Griesbach, beim Waldlehrpfad, steht der „Teufelsfelsen“, auch **„Haberkirche“** ⓬ genannt. Keine Kirche im herkömmlichen Sinn, sondern eine Kultstätte, geformt aus einer Gruppe Felsbrocken, die einen höhlenartigen Raum bilden. Im Innern der „Haberkirche“ ist eine Felszeichnung zu erkennen, eine „Habergeiß“ mit ihren Jungen. Hier war vermutlich der Treffpunkt für die gefürchteten „Haberfeldtreiben“. Diese Tradition erlosch erst zur letzten Jahrhundertwende. Leute, die gegen die jeweiligen Dorfsitten verstoßen hatten, wurden von jungen Männern mit Stöcken über die Felder getrieben. Je nach „Schandtat“ wurden die Sittenbrecher mitunter übel zugerichtet. Der Anführer der Treiberbande hatte meist eine Geißen-Maske auf.

Packend gestaltet sich die Abfahrt zum Leithener Bach, bis zu 20 % steil bergab. Nur mit ständig angezogener Bremse unfallfrei zu überstehen. Unten könnten Sie gleich rechts ins Freibad einkehren, falls es Ihr Zeitplan zuläßt.

Anschließend überrascht der abrupte Wechsel von offener Landschaft ins dunkle, kühle „Höllthal". Eine bewaldete Bachkerbe, eng und einsam – der perfekte Stimmungswechsel. Ausgedehnte Erlen-Eschen-Feuchtwälder gruppieren sich um den gewundenen Bach. Sumpfige Feuchtflächen blühen im April gelb auf, Massen an Sumpfdotterblumen haben hier ihren idealen Standort gefunden.

Schon bald entläßt uns die „grüne Hölle" wieder in eine offene Landschaft. Trichterförmig öffnet sich das enge Bachtal in das weite Tal der Rott.
Wer sich dafür interessiert, kann in Aicha rechts abbiegen nach
49 km **Parzham** ⓭.

Dort steht das Geburtshaus des Heiligen Bruder Konrad, eine katholische Pilgerstätte im Land. Das Haus wäre durchaus einen Besuch wert, denn selten wird man einen so guten Einblick in das bäuerliche Leben des frühen 19. Jahrhunderts bekommen.

52 km Die Tour führt jetzt ins eigentliche Rott-Tal nach **Bayerbach**. Allen Freunden schöner Biergärten winkt dort das „Gasthaus „zur Post". Rechts geht es zum Bahnhof. Er ist klein, aber dafür mit neuen Fahrradabstellboxen ausgestattet. Falls Sie wollen, können Sie natürlich die Tour mit dem Zug nach Bad Birnbach abschließen.

Allerdings verpaßt man so einen sehr schönen Abschnitt im Rottal: das weite Tal, bäuerliche Dörfer am Talrand, dazwischen einzelne Gehöfte.

Einen schönen Abschluß schenkt uns die Tour durch handwerkliche Höhepunkte an altem Holzbundwerk oder meisterlich gestalteten Hoftoren, durch romantische kleine Kirchen und Kapellen. Alles fügt sich zusammen zu einem harmonischen Mosaik mit heimatlich-anheimelnder Ausstrahlung.

Im Herzen des Rottals – altes Bauernland zwischen Pfarrkirchen und Eggenfelden

Bezaubernde Kirchen und Schlösser, eine geschichtsträchtige Kulturlandschaft und viel Natur – das Rottal von seiner schönsten Seite. Allerdings muß man dafür auch etwas leisten. Untrainierte sollten vielleicht nur bis Schönau/Heiligenberg fahren und von da über Neuhofen zurück nach Pfarrkirchen. Oder Sie teilen die Tour gleich auf zwei Tage auf.

Start und Ziel:	*Bahnhof Pfarrkirchen*
Streckenlänge:	*64 km*
Steigungen:	*ca. 520 Höhenmeter*
Charakter:	*schwer; meist kaum befahrene Nebenstraßen oder markierte Radwege.*
Wegbeschaffenheit:	*62 km Asphalt, gut 22 km Sandstraßen.*
Bahnstationen:	*Pfarrkirchen, Eggenfelden (2!), Hebertsfelden.*
Verknüpfungen:	*Anschluß zu den Touren 2 und 12 bei Pfarrkirchen, zu 14 bei Eggenfelden, zu 5 bei Schönau (Richtung Arnstorf).*
Informationen:	*Tourismusreferat Lkr. Rottal-Inn, Telefon 0 85 61/2 02 68.*

Nr.	km	Beschreibung
	0,0	Vom **Bahnhof Pfarrkirchen** geradeaus Ri. Stadtmitte; nach 90 m
1		bei der **Ringallee** geradeaus über die Kreuzung und nach weiteren 180 m an der Ampel re. auf den **Stadtplatz**; an der Kreuzung am Stadtplatzende bei km 0,48 li. steil bergauf Ri. Gartlberg halten (z. T. Schiebestrecke); nach der **Kirche Gartlberg** (km 1,15) weiter geradeaus stadtauswärts.
2	2,8	In einer scharfen Linkskurve geradeaus Ri. „Lanzing 1,5 km".
3	4,2	Nach Bergabfahrt vor Lanzing geradeaus über die Kreuzung und nach 50 m li. bergauf Ri. Schwarzenstein;
4	5,3	bei Schwarzenstein an Einmündung re. bergab und unten an der Kreisstraße wieder re. Ri. Dietersburg.
5	8,5	Bei **Dietersburg** nach der Tankstelle li. bergauf Ri. „Nöham 2 km";
6	10,7	vor **Nöham** die Staatsstraße 2112 geradeaus kreuzen und nach 30 m re. Ri. Höhenberg; in **Höhenberg** (km 11,80) beim Trafo rechts ab und nach weiteren 450 m in der Linkskurve Ri. Wald/ Schönau.
7	13,7	An der Kreisstraße bei der Einmündung rechts;
	16,7	in **Schönau** an der Einmündung li. bergab, nach 200 m bei der
8		Kirche li. zum **Wasserschloß** einbiegen; zurück an der Straße li. bergauf.
9	19,2	Auf offener Strecke bei einer Bushaltestelle re. in die *Berghamer Straße* Ri. Heiligenberg;
	20,4	in **Bergham** hinter der Gärtnerei re. auf die Kiesstraße Ri.
10		**Heiligenberg**; bei 20,8 re. das Tor zum Kirchhof; wieder zurück an der Straße bei 21,2 re. ***Alternative Abkürzungsmöglichkeit:*** zurück zum Abzweig Nr. 9, dort re. und über Niedernkirchen, Feitshof und Linden zum Anschlußpunkt Nr. 27 (Bahnstation Hebertsfelden); Teilstrecke = 10 km, dadurch insgesamt 51,5 km, bei Rückfahrt mit der Bahn nach Pfarrkirchen insgesamt nur ca. 31 km!
11	22,1	Nach Abfahrt an der Einmündung li. Ri. Unterhausbach; bald bergauf;
12	23,8	nach Abfahrt an der Einmündung am Trafo re. bergauf;
	24,8	bei **Schernberg** geradeaus auf den Kiesweg und bald bergab Ri.
13		Wald; nach 400 m am Waldrand re. zur **Keltenschanze** (zu Fuß!); nach Umkehr in Schernberg (km 25,55) wieder re., bald bergab.
14	27,3	In Zell an der Straßeneinmündung li. und nach ca. 150 m re. bergauf Ri. Altgmain;
15	29,1	bei **Altgmain** über die B 20 geradeaus in die *Zeller Straße* und nach 100 m an der Einmündung li., nach weiteren 250 m rechts bergab; nach der Rimbachbrücke bei 30,55 links.
16	32,8	An der ersten Einmündung li., nach 50 m an der Hauptstraße wieder li. und nach weiteren 400 m re. ab Ri. **Diepoltskirchen**; dort auf der Hauptstrecke bleiben; an Wegegabelung unterhalb der Kirche bei 34,25 re. bergauf und dann an der Kirche vorbei stets auf der Hauptstrecke ortsauswärts.

Die Klosterkirche Aldersbach (Tour 7).

Schmiedeeiserner Fassadenschmuck in Osterhofen (Tour 7).

Das Fürstenzeller Land als Teil des Klosterwinkels (Tour 8).

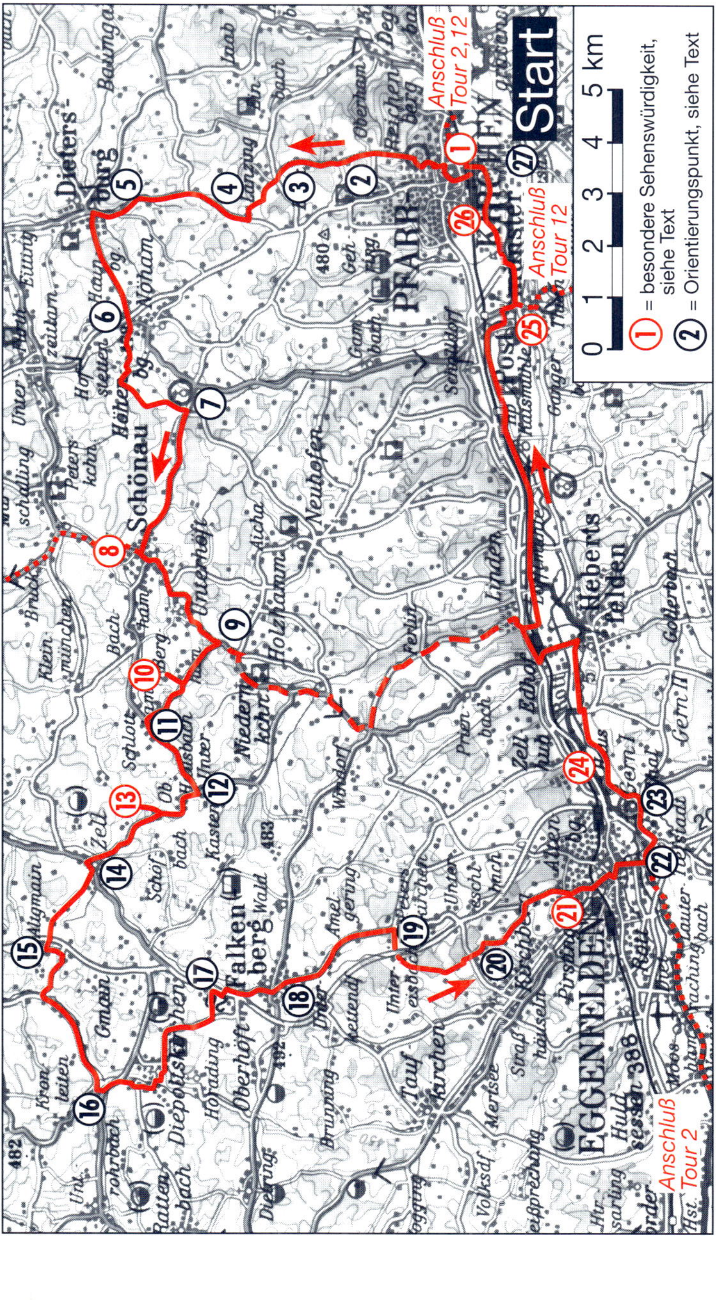
Start
Anschluß Tour 2,12
Anschluß Tour 12
Anschluß Tour 2
0 1 2 3 4 5 km
1 = besondere Sehenswürdigkeit, siehe Text
2 = Orientierungspunkt, siehe Text
Schönau
Falkenberg
EGGENFELDEN
Hebertsfelden
Neuhofen
Linden
Dietersburg

17	**36,0**	Nach einem kurzen Waldstück an der Wegegabelung li. bergab Ri. Eggerding; unten bei 36,8 re. auf den parallelen Radweg; bei 37,35 an der Vorfahrtstraße geradeaus und bergauf nach Falkenberg.
18	**38,0**	In **Falkenberg** an der Kreuzung geradeaus und weiter Ri. Eggenfelden;
19	**40,8**	nach der Auffahrt durch ein Waldstück auf Höhe von Peterskirchen re. bergab Ri. Obereschlbach; nach Unterführung durch die B 20 wieder bergauf und bald auf einer Kiesstraße in den Wald; oben bei 42,40 an der Einmündung links.
20	**43,0**	An der Kreuzung im Wald geradeaus Ri. „Eggenfelden 2 km“; an der Einmündung bei 44,45 rechts.
	45,2	In **Eggenfelden** an der großen Kreuzung geradeaus und bald bergab; nach langer Abfahrt unten bei 46,40 an der Ampel scharf links zur Tordurchfahrt abbiegen. ***Alternativ:*** an der Ampel geradeaus bis zum Bahnhof, ca. 1,8 km. Nach Tordurchfahrt bei 46,55 re. über den Stadtplatz (li. bergauf
21		zur Pfarrkirche); nach 300 m re. zum **Rathausplatz mit dem „Neustifter-Brunnen“**; zurück an der *Öttinger Straße* re. weiter (km 47,00).
22	**47,3**	Nach der Rottbrücke li. Ri. Gern; nach 300 m in der Linkskurve Ri. „Rottgauhalle“; bei 48,40 an der Einmündung re. Ri. Lohbruck.
23	**48,6**	Gleich nach der Gerabrücke li. ab Ri. Hebertsfelden/Schildmannsberg, nach weiteren 50 m an der Straßengabelung li. halten auf dem nunmehr ausgeschilderten ***„Rottalradweg“*** und nun bis Pfarrkirchen (km 62,9) immer dieser Ausschilderung folgen:
24	**49,9**	**Altwasser der Rott**;
25	**59,6**	**Stausee Postmünster**;
	62,9	am Ortsrand **Pfarrkirchen** bei den Kleingärten an der Kreuzung geradeaus – re. über die Brücke zum Freibad, 100 m weiter li.
26		zur **„Rennbahn“**.
27	**63,8**	Bei der Einmündung in die *Äußere Simbacher Straße* li., nach 350 m über den Bahnübergang und dahinter li. in den Fuß-/Radweg; Ende der Tour am **Bahnhof Pfarrkirchen** bei km 64,35.

Es geht los in **Pfarrkirchen**, der Stadt des Pferdes. Dort findet sich auch die älteste Pferderennbahn Bayerns von 1895 – einfach „Rennbahn“ genannt. Gleich zu Beginn der Tour kreuzen wir die berühmte **Ringallee** ❶, die noch am besten erhaltene, im Grundriß fast quadratische, mittelalterliche Wallanlage in Bayern. Wer einmal ganz herumwandern will – am besten zur Entspannung nach der Tour, darf sich auf hohe Kastanien und wohltuenden Schatten an heißen Sommertagen freuen. Im Westen und Norden der Ringallee sind noch Teile der alten Stadtmauer erhalten. Gleich am Anfang des **Stadtplatzes** ❶ steht rechts das Pfarrkirchener Wahrzeichen, das „Wimmerroß“, auf seinem gemauerten Podest.

Der schwierigste und steilste Anstieg erwartet uns gleich anschließend: die kurvige Auffahrt zur Wallfahrtskirche Gartlberg ❶. *1 km* Ich rate allen, die nicht wirklich trainiert sind, zu schieben. So bleibt auch mehr Zeit zum Schauen. Viele Stufen zieht sich der Kreuzweg in der Direttissima nach oben, gesäumt von steinernen Tafeln, die vom Leidensweg Christi erzählen.

Oben dann die Wallfahrtskirche mit der Doppelturmfassade, ein wirklicher Barockbau des italienischsprachigen Schweizer Baumeisters Zuccalli. Keiner sollte es versäumen, die Innenausstattung anzusehen. Die überschwenglichen Stuckarbeiten eines Carlone von 1688 lassen die Kirche in einem zauberhaften Licht erstrahlen: ein Edelstein der Kirchenbaukunst.

Der folgende Streckenabschnitt führt uns durch die unverbrauchte Rottaler Hügellandschaft. Zuerst auf erhabener Strecke mit schönen Blicken auf die umgebenden Höhenrücken, geht es zwischendurch hinab nach **Lanzing** ❸ und in sein wiesenreiches *4 km* Bachtal. Weiter über **Schwarzenstein** ❹ nach **Dietersburg** ❺ und *8 km* von dort Richtung Westen nach **Nöham** ❻/**Höhenberg**. Dann auf *17 km* kurviger und hügeliger Strecke bis **Schönau**.

Schönau: idealer Platz für eine Verschnaufpause dank Eßkultur, Baukultur und Gartenkunst. Die Kultur kommt nach dem Essen, der Verdauungsspaziergang bleibt dem Wasserschloß ❽ und seiner wunderschönen Parkanlage vorbehalten. Nach mehreren Umbauten in den letzten Jahrhunderten ist ein richtiges Traumschloß daraus geworden. Umgeben von einem Wassergraben mit blühenden Seerosen, macht das Gebäude einen fast verzauberten Eindruck. Hinter dem Schloß dehnt sich ein herrlicher Landschaftsgarten ❽ im englischen Stil aus. Effner hat ihn 1867 angelegt. Sie wissen schon, der vom „Effner-Platz" in München. Genau. Er hat ja auch die Gärten von Schloß Linderhof angelegt. Der Schönauer Schloßpark zeigt alle Prinzipien des englischen Gartenstils: Sichtachsen, Aussichtspunkte, die Raumgliederung aus Einzelbäumen und Baumhainen. Eine mächtige Blutbuche markiert das räumliche Zentrum des Parks. Immer den Garten Eden als Vorbild. Vor dem Schloß wartet noch die neugotische Pfarrkirche auf uns. Ein Werk des letzten Jahrhunderts im perfekten Ziegelbau, wie er in der weiteren Umgebung häufiger vorkommt. Vor allem die Innengestaltung ist von einer Klarheit, wie man sie nur selten in den „echten" gotischen Kirchen findet.

Das nächste Teilstück gehört wieder zu den landschaftlichen Leckerbissen. In kurvenreichem Verlauf fahren wir vorbei an kleinen Dörfern, und immer wieder öffnen sich rechter Hand die Blicke in eine beispielhafte Rottaler Kulturlandschaft. Auf offener
21 km Strecke zweigen wir dann rechts weg nach **Heiligenberg ⑩**.

Bereits von ferne lockt dieses Kleinod durch seine geniale Lage. Und beim Betreten des Kirchhofes merken Sie das Besondere: grüner Rasen statt protziger Grabsteine, Weite anstatt Enge, Stille anstelle von Lärm. Sie spüren hier die Tradition ländlicher Gläubigkeit. Die Kirche mit vermutlich romanischem Ursprung war vom 15. bis zum 19. Jahrhundert eine der bekanntesten Wallfahrtskirchen der Umgebung, und zur einstigen „Wallfahrtskirchenstiftung" gehörten 27 Anwesen aus dem Umland, die samt und sonders für die Kirche gewirtschaftet haben. Die Heimatforscher vermuten, daß hier vor dem Kirchenbau von den Kelten eine Kultstätte betrieben wurde. Die topographische Lage und die unmittelbare Nähe zur nächsten „Keltenschanze" deuten darauf hin.

Nach so viel Kirchenkultur folgt wieder ein landschaftliches Intermezzo. Auf hügeliger, anstrengender Strecke erreichen wir
25 km bald **Schernberg** und wechseln gleich beim ersten rechtsseitigen Anwesen rechts auf den Kiesweg hinab bis zum ersten Wäldchen. Dort drinnen liegt die schon angesprochene **Keltenschanze ⑬**:

Eine rechtwinklige Wallanlage von etwa 90 x 70 m. Der umgebende Erdwall von rund 5 m Breite fällt nach außen 2 m und nach innen 1 m ab. Die keltischen Viereckschanzen hatten nur einen einzigen Zugang. Im Zentrum wurde oft eine „heilige Eiche" gepflanzt, das Kultgebäude selbst stand am Rand. Um den Erdwall herum wurde noch ein Graben gezogen, dennoch dienten die Schanzen sicher nie als Festungsbauten. Hier ist der Wall jetzt mit vielen Wildrosensträuchern (Hundsrose) bewachsen. Also Vorsicht, nicht mit dem Rad hineinschieben!

27 km Nehmen wir uns Zeit für die Abfahrt nach **Zell ⑭**: Saftig grüne Wiesen, Quellbäche und eine durch Bäume und Baumgruppen reich gegliederte Landschaft zieht an uns vorüber. Hier hat die rationelle Produktion noch nicht zugeschlagen. Zell wirkt wie ein

liebliches, bäuerliches Dorf und entläßt uns bergauf gen Westen über die Siedlung **Altgmain** ⓯ ins Rimbachtal hinab. Abwechs- 29 km
lungsreich geschlungene Bachschleifen mit reichem Uferbewuchs zaubern eine ursprüngliche Kulturlandschaft – einprägsam, eindringlich. In Diepoltskirchen bleiben wir stets auf der Hauptstrecke in einer langgezogenen, etwas ansteigenden Linkskurve. 150 m nach einer Bachbrücke kommen wir an eine Wegegabelung, fahren dort rechts bergauf und nach links an der schönen Kirche vorbei wieder ortsauswärts. Wir durchqueren anschließend ein kurzes Waldstück und ernten schöne Ausblicke auf die umgebenden Täler und Hügelkuppen. Am Horizont vor uns **Falkenberg** 38 km
⓲, mit über 480 m einer der höchstgelegenen Orte unserer Tour, gut 100 m höher als das Rottal bei Pfarrkirchen. Anschließend müssen wir nach aussichtsreicher Strecke vor Eggenfelden noch das Tal des Kiritzbaches queren, die letzte große Kraftanstrengung dieser Rundtour. Dafür belohnt uns das nächste Teilstück bis Eggenfelden mit weiten Blicken gen Süden, die an Föhntagen bis zu den Alpen reichen.

Die **Stadt Eggenfelden** selbst bietet vieles: ein Freibad für eine wohl- 45 km
tuende Abkühlung, jede Menge Restaurants und Cafés, ein Theater, ein modernes Kino und bald ein neues Kulturzentrum in Gern. Vor allem sollte man sich die einzigartigen **Brunnen des Josef Neustifter** ㉑ anschauen, eines wirklichen Künstlers unserer Zeit. Selten wird man eine so gelungene Umsetzung menschlicher und zeitgenössischer Themen finden. Neustifter beobachtet die Leute und setzt ihnen mit seinen Werken den Spiegel vor. Mein Favorit ist das „Stadtradl" auf dem Marienplatz vor dem Rathaus. Ironisch zeigt der Brunnen die beiden Fraktionen des Eggenfeldener Stadtrates, wie sie in entgegengesetzte Richtungen ziehen. Ganz oben der Bürgermeister. Wie Politik halt so gemacht wird. Versäumen sollte man aber auch nicht den „Saubrunnen" hinter der Sparkasse. Das Thema ist, wie könnte es anders sein, das liebe Geld.

Ohne Frage gönnen wir uns auf dem **Stadtplatz** noch einen kräftigen Cappuccino (oder was auch immer) und fahren weiter über die ehemalige Grafschaft Gern ins eigentliche Rottal. Wer aber hier schon keine Lust mehr hat oder die abschließende Strecke vom Rottalradweg her kennt, kann gleich den Zug nach Pfarrkirchen nehmen, Fahrzeit etwa 20 Minuten, das Rad fährt im Sommer kostenlos mit.

Alle anderen biegen nun in eine absolute Genußstrecke ein. Einer der schönsten Abschnitte des *Rottalradweges* wartet auf uns: **Altwässer der Rott** (24) mit reicher Vogelwelt und gelb blühenden Teichrosen, ausgedehnte Wiesenlandschaften, markante Pappelreihen quer zur Fahrtrichtung. Und vor allem autofreie Radwege. Kurz vor dem Ziel rollen wir durch das größte Erholungsgebiet des gesamten Rottals: Rings um den **Rott-Stausee** (25) von **Postmünster** haben wir die Wahl zwischen segelfliegen, Golf, Minigolf, Tennis, surfen, spazierengehen oder auch nur faul auf der Uferwiese des Sees dösen. Die Nimmersatten gönnten sich wohl bereits im Ausflugsrestaurant direkt neben dem Radweg (ca. km 57,80) eine Stärkung. Gerade recht für den Schlußspurt. Es geht ruckzuck, ehe wir uns versehen, sind wir auch schon wieder am Ausgangspunkt in **Pfarrkirchen** (26). Bald nach der Einfahrt in die Stadt wartet links die berühmte **Rennbahn** (26) (ca. 400 m nach der Schwimmbadkreuzung). Und da wäre ja noch der Spaziergang in der Ringallee …

50 km

60 km

63 km

Vom römischen Siedlungsland zum heutigen Bäderland – Bad Füssing und sein Umland

Im niederbayerischen Bäderdreieck lernen wir Bad Füssing kennen, Wegbereiter der hiesigen Badekultur. Dazu die weite Ebene der Pockinger Heide, ein altes Siedlungsland im Inntal. Als Gegengewicht das südliche Rottaler Hügelland mit viel Kirchenkunst und jeder Menge landschaftlicher Höhepunkte. So ergibt sich eine zwar gegensätzliche, aber ausgewogene Runde im Grenzbereich zu Österreich.

Start und Ziel:	*Bahnhof Bayerbach*
Streckenlänge:	*55 km*
Steigungen:	*ca. 320 Höhenmeter*
Charakter:	*mittel bis schwer; meist kaum befahrene Nebenstraßen oder markierte Radwege; 2 Anstiege zwischen Bayerbach und Kößlarn, 1 Anstieg nach Pocking.*
Wegbeschaffenheit:	*50 km Asphalt, 5 km Sandstraßen.*
Bahnstationen:	*Bayerbach, Pocking, Karpfham/Penning.*
Verknüpfungen:	*Anschluß zu den Touren 2 und 9 bei Bayerbach, zu 12 (und zum Inntalradweg) bei Aigen.*
Informationen:	*Tourismusreferat Lkr. Rottal-Inn, Tel. 0 85 61/2 02 68; Tourismusstelle Lkr. Passau, Tel. 08 51/39 72 16; Tourismusinfo Bad Füssing, Tel. 0 85 31/97 55 95.*

Nr.	km	Beschreibung
	0,0	Vom **Bahnhof Bayerbach** li. und bei 0,65 an der Einmündung re.; nun stets geradeaus bergauf Ri. Kößlarn – auf der Kuppe bei
1		2,40 **Wallfahrtskirche Lankwinkl**; nach Abfahrt an der Kreuzung bei 3,00 geradeaus durch Thanham.
	6,1	In **Kößlarn** nach steiler Abfahrt bei der Einmündung re. zur
2		Ortsmitte; bei 6,40 **Wallfahrtskirche**; anschließend umkehren und nun stets geradeaus Ri. Rotthalmünster.
3	11,7	Ca. 650 m nach dem Ortsschild „Pattenham" li. auf den markierten Radweg; bei 12,80 an der Einmündung re. Ri. Bad Füssing/Simbach am Inn.
4	13,3	Bei der Einmündung in den Marktplatz **Rotthalmünster** re. Ri. Simbach – zur Pfarrkirche li. durch das Tor, ca. 100 m – und nach ca. 100 m den *Marktplatz* nach li. verlassen; bei 13,75 li. Ri. Aigen/Schambach abzweigen.
5	17,1	In **Schambach** über die erste Kreuzung und 150 m über die B 12 geradeaus Ri. Aigen am Inn.
6	21,2	In **Aigen** re. **Wallfahrtskirche „Maria Himmelfahrt"**; bei der Einmündung bei 21,40 re. – nach 50 m li. der **„Zehentstadel"** – und nach 400 m li. in die *Alte Schulstraße*; bei der nächsten Einmündung bei 22,0 re. in die *Bauerngasse* und nach 30 m wieder li. in die *Innstraße*; im Auwald bei 22,85 nach der Brücke nach li. auf den Damm und auf der Dammkrone bis zum Kraftwerk Egglfing.
7	27,3	Vor dem Kraftwerk li. vom Damm herab, unten li., nach 20 m wieder re. und nach weiteren 120 m an der Gabelung li. in den Auwald; nach den Sportanlagen (km 27,95) re. und nach 50 m geradeaus nach **Egglfing**. Bei 28,30 durch die Linkskurve, bei der nächsten Einmündung nach der Kirche bei 28,70 re; nach 250 m li. Ri. „Campingplatz" und die *Blumenstraße* ortsauswärts.
	30,6	Kurz nach dem Ortsschild in **Bad Füssing** re. durch die Unterführung und nach 200 m die *Bichlstraße* re.; bei 31,0 über den Dorfplatz geradeaus und nach der kleinen Kirche bei 31,15 li. in die *Safferstettener Straße*; nach 150 m an der Gabelung li. halten;
8		im **Kurzentrum** bei 31,75 durch den Kreisverkehr zur *Rathausstraße*; nach 200 m li. ab in die *Schillerstraße* und nun stets geradeaus ortsauswärts. Bei 33,20 geradeaus über die Hauptstraße Ri. Zwicklarn/Zieglöd.
9	34,6	Bei der Einmündung kurz re., nach 50 m wieder li. Ri. „Radweg Pocking"; nun stets in der angegebenen Richtung bis Pocking.
	37,6	In **Pocking** bei der Einmündung in die Vorfahrtstraße li. bis zur Ampel; dort re. halten, durch die Unterführung an der B 12 und dann geradeaus Ri. Vilshofen; bei 38,30 li. Ri. Berg (***alternativ*** *geradeaus zum Bahnhof: ca. 800 m)*; nach 150 m in der Links-
10		kurve bleiben – zum **Kirchenplatz** hier re.; bei 38,55 li. Ri. Schönburg/Zell und ortsauswärts.
11	40,2	In **Zell** bei der Kapelle re. Ri. Reith/Ausbach und durch die Hangleite bergauf; bei 40,95 an der Wegegabelung links.

12	**43,1**	In **Schönburg** bei der Einmündung geradeaus bergauf – nach 50 m li. die **Schloßanlage**; bei der Kreuzung nach der Schloßanlage geradeaus Ri. Kollmannsöd/Steindorf; bei 45,0 und bei 46,65 jeweils über die Querstraße geradeaus; bei Weihmörting an der Kreuzung bei 47,65 geradeaus Ri. Wopping/Penning.
	48,9	Bei der Einmündung in die Vorfahrtstraße li. halten; nach Abfahrt in **Penning** bei 49,75 li. Ri. Rotthalmünster/Asbach; bei 50,65 geradeaus über die Hauptstraße auf die schmale Asphaltstraße;
13		bei 51,10 **Klosterkirche Asbach**, bei 51,[illegible]5 Haupteingang **(Zweigmuseum des Bay. Nationalmuseums)**;
14	**51,2**	nach 50 m Rückfahrt li. bergab *Am Klosterberg* und nach 80 m re. abbiegen Ri. Unterm Berg; bei 51,95 geradeaus über die Vorfahrtstraße in die *Prieler Straße*; bei der nächsten Einmündung bei 52,60 links.
15	**54,5**	In **Bayerbach** an der Kreuzung in der Rechtskurve bergab Ri. Bad Birnbach; vor dem Bahnübergang li. Ri. „Bahnhof Bayerbach“; Ende der Tour bei km 55,4 am **Bahnhof**.

Man könnte die Tour auch in Pocking beginnen, aber von **Bayerbach** aus sind wir von Anfang an mittendrin: Es begrüßt uns ein kleiner, verträumter Bahnhof, und auch Bayerbach selbst ist eher ein ruhiger Ort. Nur im Biergarten „Zur alten Post“, da kann's schon mal lauter zugehen, wenn das Wetter heiß und das Bier gut ist.

Wir aber sollten vom Bier jetzt noch die Finger lassen, denn wir müssen als erstes über zwei Hügelrücken: hinauf zur Kirche von Langwinkl und danach zur Kapelle bei Leithen. Dahinter im Tal wartet Kößlarn auf uns.

Die **Wallfahrtskirche von Langwinkl ❶** zeigt sich noch deutlich von *2 km*
der Klarheit der italienischen Renaissance beeinflußt. Schnörkel halten sich angenehm zurück. Nach Süden wird das Bauwerk durch eine streng gruppierte Baumreihe gerahmt – das eine paßt zum anderen. Besonders schön und weit läßt sich von hier das untere Rottal überblicken. Die Rott fließt dort noch wie früher in weiten Schleifen zum Inn.

Nach rasanter Abfahrt ins Asbacher Tal dürfen wir nach dem
Dorf Thanham gleich wieder einen der unteren Gänge einle- *3 km*
gen. Erst langsam ansteigend, dann aber steiler bergauf geht es durch ein kurzes Waldstück hoch zur Kuppe von Leithen. Auch dort krönt eine kleine Kapelle den Berg, etwas abseits eines einzelnen Bauern-

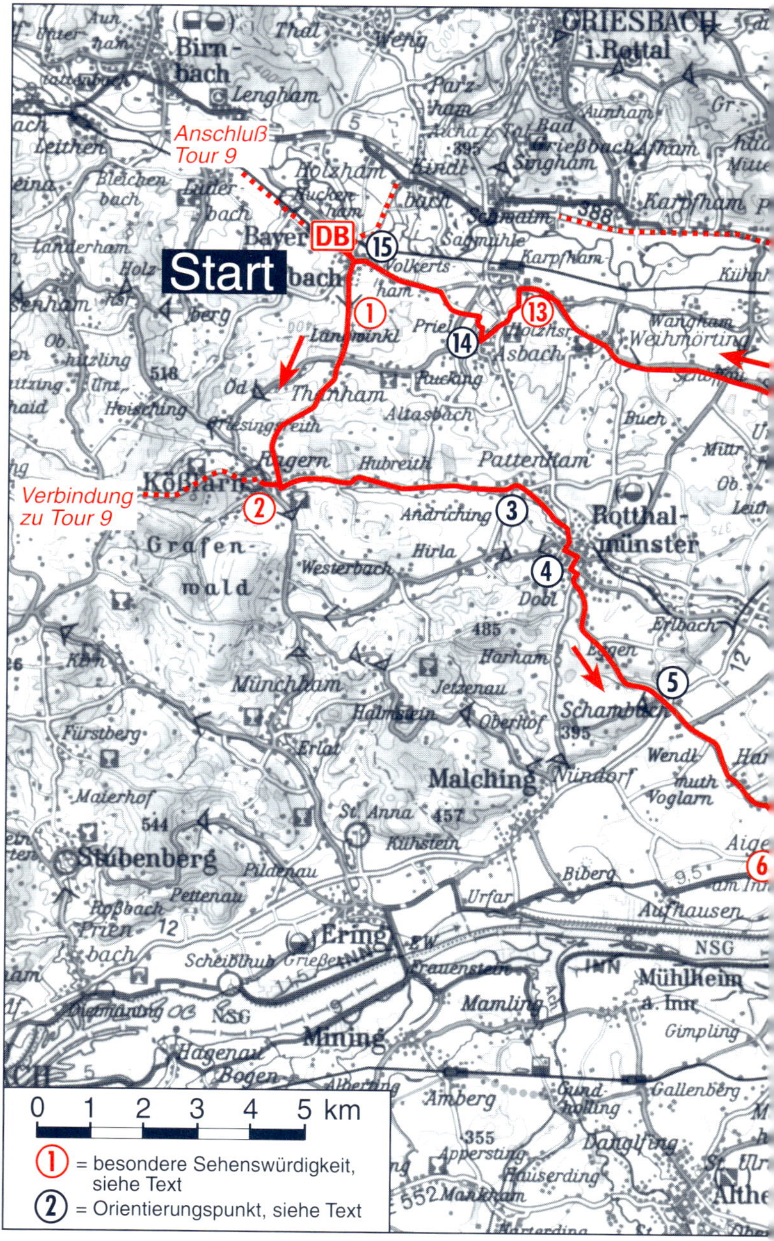

Anschluß Tour 9
DB
Start
Verbindung zu Tour 9
Birnbach
Lengham
Bayerbach
Kößlarn
Griesbach i.Rottal
Bad Griesbach
Karpfham
Asbach
Thanham
Altasbach
Pattenham
Hubreith
Andriching
Rotthalmünster
Westerbach
Hirla
Dobl
Grafenwald
Münchham
Harham
Jetzenau
Schambach
Malching
Nundorf
Fürstberg
Maierhof
Stubenberg
St. Anna
Kühstein
Pildenau
Pettenau
Roßbach
Prienbach
Ering
Scheiblhub
Frauenstein
Mamling
Mühlheim a. Inn
Gimpling
Mining
Hagenau
Bogen
Amberg
Gundholling
Gallenberg
Dangling
Apperstng
Hauserding
Aufhausen
Urfar
Biberg
Wendl
Voglarn
Erlach
Erlbach
Wanghnam
Weihmörting
Buch
Ob.
Halmstein
Oberhof
Westerbach
Griesingsreith
Ungern
Hoisching
Hitzling
Landerham
Holzham
Lüderbach
Bleichenbach
Leithen
Thal
Weng
Parzham
Singham
Aunham
Afham
Schwaim
Sagmühle
Volkertsham
Prienham
Landwinkl
Pucking
Öd
Anzenberg
Erlat
Kühnham
Holzhäuser
0 1 2 3 4 5 km
① = besondere Sehenswürdigkeit, siehe Text
② = Orientierungspunkt, siehe Text

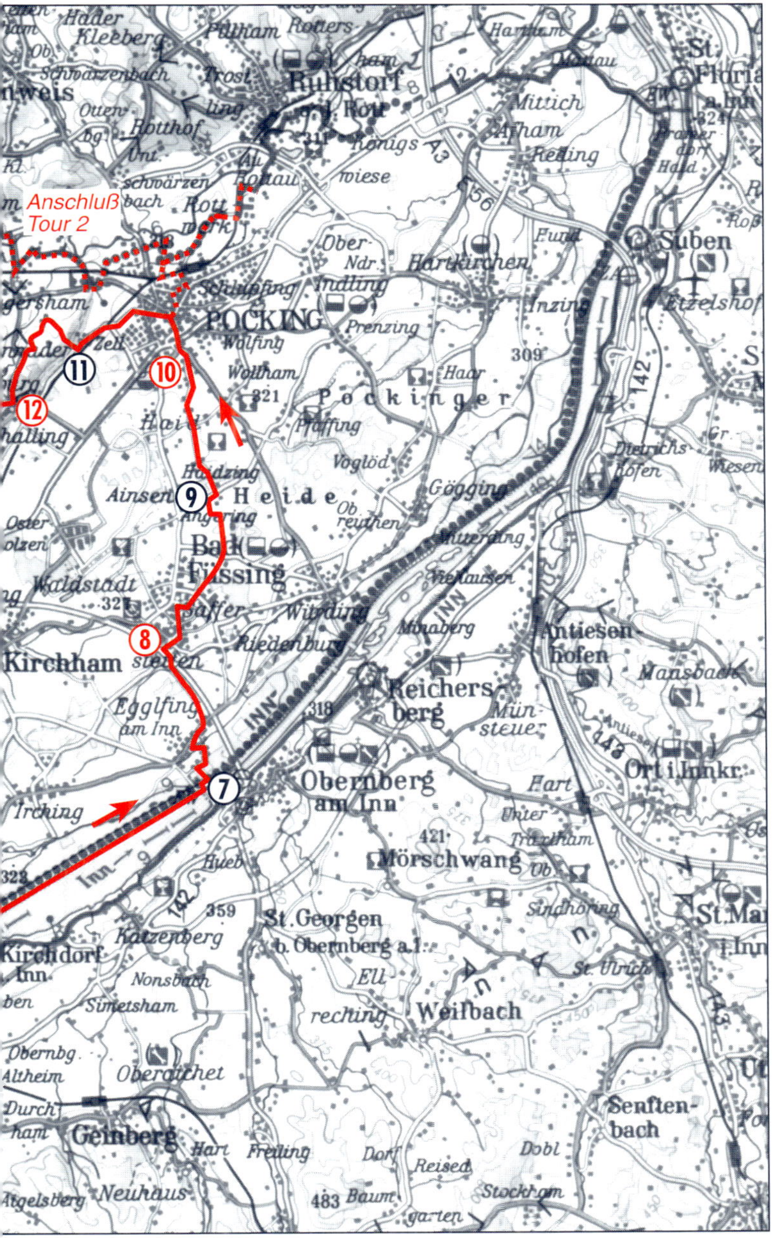
Anschluß Tour 2
Ruhstorf a. Rott
Hader
Kleeberg
Pattham
Ob. Schwarzenbach
Trostling
Rotthof
Unt. Schwärzenbach
Rottau
Königswiese
Rottmark
Hartham
Mittich
Aiham
Reding
St. Florian a. Inn
Suben
Etzelshof
Hartkirchen
Ober Ndr. Indling
Schuhbing
POCKING
Prenzing
Wolfing
Wollham
Inzing
Zell
Haid
Pfaffing
Pockinger Heide
Voglöd
Hoidzing
Ainsen
Angering
Ob. reuthen
Gögging
Dietrichshofen
Bad Füssing
Waldstadt
Safferstetten
Würding
Riedenburg
Kirchham
Egglfing am Inn
Mühlberg
Reichersberg
Münsteuer
Antiesenhofen
Mansbach
Ort i. Innkr.
Obernberg am Inn
Irching
Hart
Unter Teuzham
Mörschwang
Hueb
Katzenberg
St. Georgen b. Obernberg a. I.
Sindhöring
St. Ulrich
St. Marienkirchen i. Inn
Kirchdorf Inn
Nonsbach
Simetsham
Ellreching
Weilbach
Obernbg. Altheim
Oberatchet
Geinberg
Hart
Freiling
Dorf
Reised
Dobl
Stockham
Senftenbach
Neuhaus
Baumgarten
Inn
INN
Antiesen
309
321
318
328
359
421
483
142
143

hofes. Ein schönes Erlebnis für den, der die Stille noch erträgt. Be-
6 km sonders schön zeigt sich **Kößlarn**, wenn wir von dieser Seite zum Ort hinabfahren.

Den nördlichen Abschluß des Marktplatzes markiert die mächtige **Pfarrkirche ❷** mit ihrem 50 m hohen Turm. Sie ist als Wehrkirche angelegt, ein kräftiger, mittelalterlicher Mauerring umschließt den Kirchhof noch heute. Wer hinein möchte – und natürlich möchten Sie, muß durch ein „Torhaus" eintreten. Die Wehrmauer hatte schon ihre Berechtigung, denn der Wallfahrtsort war reich und ließ sich 1488 eine silberne Madonna anfertigen, die auch heute noch in der Kirche zu sehen ist. Die Wallfahrten, die alle im mystischen Mittelalter entstanden, machten nicht nur in Kößlarn den Ort wohlhabend.

Die Fahrt auf der Staatsstraße 2110 nach Osten ist lediglich während den Zeiten des Berufsverkehrs etwas nervig. Das Tal des Kößlarner Baches weitet sich zusehends, je mehr wir uns Rotthalmünster nähern. In rascher Folge wechseln an den Hängen Äcker und Wiesen, Wälder und Weiden. Der Bach selbst treibt einige Mühlräder an – heute ausnahmslos Sägewerke. Pattenham zieht sich gewaltig in
13 km die Länge, bis wir endlich nach **Rotthalmünster** einfahren.

Man sieht es dem Ort nicht gleich an, aber er übernimmt mit dem Kreiskrankenhaus, den Sportanlagen und der Landwirtschaftsschule wichtige Aufgaben für sein Umland.

Vor dem Tal kommt der Berg, und so dürfen wir nochmals einige Meter hinauf zum Höhenrücken bei Auretsdobl, bevor wir durch das kühle und schattige Schambachtal zur Innterrasse abfahren. Die Hügelketten haben wir nun hinter uns, das Rad rollt wie von selbst. Fast magisch zieht bei guter Sicht die Alpenkulisse an.
21 km Wir sind kaum durch den Riedenburger Wald, so ist auch schon **Aigen** mit seinen beiden Kirchen zu sehen.

Die große ist die **Leonhardi-Kirche ❻**, zu der alljährlich am ersten Sonntag nach Allerheiligen der berühmte Leonhardi-Umritt stattfindet. Prächtig geschmückte Rösser und Fuhrwerke zeigen die Geschichte dieser Wallfahrt auf. Der Höhepunkt ist die Pferdeweihe am

Schluß des Umzugs neben der Leonhardi-Kirche. Es ist ein großes Spektakel, die Leute kommen von nah und fern. Seit einem Jahr gibt es dazu auch ein Leonhardi-Museum. Wenn gerade kein Umritt ist, sollten Sie in die Kirche hineinschauen. Das spätgotische Bauwerk setzt sich in eine spannungsvolle Konkurrenz zur barocken Innenausstattung. In Aigen fällt auch der riesige Kubus des **„Zehentstadels“ ❻** sofort ins Auge. Hier wurde früher die Erntesteuer, der Zehnt(e), abkassiert. Auch das Pfleggericht und die Taverne waren hier untergebracht. Nur die Taverne ist noch übriggeblieben – wen wundert's.

Durch den dörflichen, intakten Ortsrand von Aigen wechseln wir in die Innaue und fädeln in den Inntalradweg nach Bad Füssing ein. Man fährt auf dem Damm, rechts unten liegen Altwässer und die Silberweiden-Aue, links wechseln Wald und Feld in rascher Folge. Viele Radler und Jogger sind unterwegs, das Kurgebiet ist nicht mehr weit.

Bald öffnet sich rechts der Gehölzbewuchs, und der eingestaute Inn zeigt erste Verlandungserscheinungen. Die Wasservögel haben das längst erkannt und kommen in das Gebiet. Für Naturfreunde gibt es also viel zu entdecken.

Nachdem wir den Damm wieder verlassen haben, fahren wir in nordöstlicher Richtung durch Egglfing und stehen schon bald vor den Toren von **Bad Füssing**. *31 km*

Dort begann 1961, was 1976 mit Bad Griesbach und Bad Birnbach als „niederbayerisches Bäderdreieck“ Ruhm erlangte. Der ganze Ort ist heute praktisch **Kurgebiet ❽**. Die parkartigen Anlagen bestimmen nicht nur das Straßenbild, sie setzen sich fort in den zahlreichen Grünflächen der Hotels, finden ihren Höhepunkt im Kurpark.

Am Kurwald entlang verlassen wir den Badeort Richtung **Pockinger Heide**.

Die Böden auf diesem erdgeschichtlich sehr jungen Niederterrassenschotter waren einst flachgründig und haben die Entstehung der ehemaligen Heidelandschaft begünstigt. Aber wo früher Heide war, ist heute Acker. Schon vor Jahrhunderten wurde dieses Gebiet durch kleine Bauernhofweiler kultiviert. Mit Haidzing, Wollham oder Prenzing sind bis jetzt noch einige dieser kleinen Dörfer erhalten geblieben. Heute ist es nicht mehr die Heidenelke, die im Juni ihre Blüten entfaltet, es sind die Gerstenfelder, die im Gegenlicht hell aufleuchten.

38 km **Pocking** als einzige Stadt entlang der Route fällt etwas aus dem Programm. Wer aber gerade Lust zum „Schaufensterln" hat, ist hier genau richtig. Sehenswert ist der großzügige **Kirchenplatz ⑩** mit der spätgotischen Stadtpfarrkirche. Fast immer tummeln sich Kinder auf dem Platz und erwecken ihn dadurch zum Leben.

40 km Nach dem kleinen Dorf **Zell** verlassen wir das Inntal wieder über den kurzen, aber steilen Anstieg ins Tertiärhügelland. Es öffnet sich der Vorhang für eine neue Szene: plötzlich welliges Hügelland, beweidete Wiesen und weite Blicke ins Rottal. Kaum ein Auto verirrt sich in diese Gegend, und so gehört die Strecke uns allein.

In **Schönburg** ist der Name Programm, vor kurzem wurde das
43 km **Schloß ⑫** renoviert und zeigt sich erneut im früheren Glanz. Zum folgenden Abschnitt bis zum ehemaligen **Kloster Asbach ⑬** paßt das Motto „rauh, aber herzlich". Das Land ist weniger wildromantisch als ursprünglich. Es ist stilles Bauernland ohne jeden musealen Zug. Gerade das macht es so sympathisch.

51 km **Asbach** liegt auf einer flachen Kuppe, wir sehen es schon von ferne. Hier hat sich endgültig die Neuzeit mit der frühklassizistischen Kirche ein Denkmal gesetzt. Die zweite Besonderheit wartet im ehemaligen Benediktinerkloster, die Räume sind heute zum **Zweigmuseum des Bayerischen Nationalmuseums ⑬** umgewidmet. Neben den Bildwerken aus dem Mittelalter werden regelmäßig Sonderausstellungen organisiert.

Von Asbach ist es nur noch ein Katzensprung hinüber ins Tal
55 km der Rott nach **Bayerbach**. Wer dann am Bahnhof noch etwas Zeit hat, kann im Hochsommer die Flugkünste der wendigen Mauersegler bewundern, bis einen die Rottalbahn wieder abholt.

„Tour de Natur" im südlichen Hügelland – landschaftliche Höhepunkte zwischen Rott und Inn

Eine Zweitagestour als Höhepunkt: Im Mittelpunkt stehen die Naturschönheiten, seien es naturnahe Bachtäler, aufschlußreiche Gesteinsformationen, beeindruckende Landschaftskulissen oder ein Wasservogelschutzgebiet. Der Weg dazwischen ist abwechslungsreich, verkehrsarm und führt durch kleine bäuerliche Dörfer. Als Salz in der Suppe besuchen wir das österreichische Braunau, eine der schönsten Innstädte überhaupt. Ein Tip: Ein leichtes Fernglas gehört ins Gepäck – für die Wasservögel – und falls es Grenzkontrollen gibt, auch der Ausweis.

Start und Ziel:	*Bahnhof Pfarrkirchen*
Streckenlänge:	*82 km (50 km bis Simbach/Braunau).*
Steigungen:	*ca. 500 Höhenmeter*
Charakter:	*schwer; meist kaum befahrene Nebenstraßen oder markierte Radwege; 1 Anstieg bei Kauflanden, 1 langer Anstieg zwischen Simbach und Wittibreut, mehrere Anstiege bis Pfarrkirchen.*
Wegbeschaffenheit:	*68 km Asphalt, 14 km Sandstraßen.*
Bahnstationen:	*Pfarrkirchen, Anzenkirchen, Simbach, Braunau.*
Verknüpfungen:	*Anschluß zu den Touren 2 und 10 bei Pfarrkirchen, zu 11 und 13 bei Ering und zu 13 bei Simbach.*
Informationen:	*Tourismusreferat Lkr. Rottal-Inn Tel. 0 85 61/2 02 68; Tourismusbüro Braunau, Tel. (00 43)77 22/26 44.*

Nr.	km	Beschreibung
	0,0	Vom **Bahnhof Pfarrkirchen** re. und nach 80 m re. auf den Fuß-/Radweg; bei 0,18 re. über den Bahnübergang und gleich wieder li.; nun stets am Bahndamm und weiter wie ausgeschildert
1		„Rottalradweg" – ab km 2,70 **Linden-Allee**.
2	7,0	Vor **Brombach** bei der Einmündung re., bei 8,0 wieder re. nach **Anzenkirchen**: bei 8,70 li. Ri. Asenham und gleich hinter der Altbachbrücke re. in die *Loderhamer Straße*; an der Einmündung bei 9,00 re. und bei der Wegegabelung am Trafo li. Ri. Loderham; nun stets dem „Altbachtalradweg Ri. Triftern" folgen.
3	11,6	Bereits am Ortsende von **Lengsham** in die *Kauflandener Straße*, später steil bergauf.
4	14,0	In **Kauflanden** bei der Einmündung re. und nach 100 m li. Ri. Steinbach/Pelkering; in **Steinbach** in der Linkskurve Ri. Gschaid/Wiesing.
	15,5	Auf offener Strecke re. Ri. Pelkering/Wiesing abbiegen und geradeaus durch **Pelkering** – bei 16,85 re. am Waldrand
5		**Quellbach mit Quarzkonglomeratblöcken**; an der Einmündung bei Ecking re. Ri. Wiesing und dort (ca. km 17,80) geradeaus.
6	19,2	Nach der Hofgruppe Webersberg geradeaus Ri. Pranz; an der Kreisstraße bei 20,70 kurz li. und nach 300 m re. ab Ri. Gschwand/Amering.
7	22,8	An großer Kreuzung geradeaus und anschließend in **Fürstberg** bei 23,40 re. bergab Ri. Prienbach/Stubenberg.
8	28,9	In **Prienbach** über die B 12 in die *Bahnhofstraße* und nach 50 m re. auf den Kiesweg; am Gehölzrand der Inn-Uferböschung bei der Einmündung li.; bei 30,90 an der Asphaltstraße rechts.
9	32,2	Ca. 100 m nach dem **Vogelbeobachtungsturm** re. auf die Dammkrone und am **Wasservogel-Schutzgebiet** entlang fahren.
	35,5	Bei der **Staustufe Ering** li. am Werksgelände vorbei; nach 200 m bei der Asphaltstraße re. über die Staustufe auf die österreichi-
10		sche Innseite (von hier li. ca. 500 m bis zum **Informationszentrum Europareservat Unterer Inn** und weitere 600 m bis zur Ortsmitte von Ering); gleich nach der Staustufe re. auf der Dammkrone und am Innufer entlang, ausgeschildert als „Naturerlebnisradweg" bis Braunau.
11	40,9	Bereits wieder im Hinterland bei der Einmündung re. durch die Obstbaumallee; nach 700 m in Hagenau re. und nach 50 m wieder li. über die Brücke.
12	44,8	Wie ausgeschildert in einer scharfen Kehre re. vom Damm herab (180°-Wende) und bald in die Vororte von **Braunau** einfahren; dort bei 46,45 (nach 50 m erneut Kies) re. ab zum Innufer.
	47,3	Li. durch den Torbogen Ri. Stadtzentrum, nach 100 m oben re.
13		halten zum **Fahrradterminal** (Standort bei km 47,45); zurück an der Straße re. und hinter der Musikschule wieder re., am
13		**Stadtplatz** bei 47,60 re., dann über die Innbrücke (Grenze) nach **Simbach**: nach zwei Unterführungen li. halten, bei 48,45 li. Ri. Tiefgarage in die *Bahnhofstraße*; am **Bahnhof Simbach** bei 49,05 li. zu den Gleisen.

Pferdehaltung im niederbayerischen Hügelland (Touren 9–14).

Die Kirche von Grongörgen (Tour 9).

Das Wasserschloß und der Landschaftspark in Schönau (Tour 10).

Zauberhafte Altwässer entlang der Rott (Touren 2, 10).

14	0,0	Vom Gleis 1 das **Bahnhofs Simbach** geradeaus über die *Bahnhofstraße* in die *Maximilianstraße*; an der *Innstraße* li. bei 0,60; an der folgenden Ampel re. und nach 150 m (hinter der Bachbrücke) li. bergauf Ri. Freibad; am Freibadparkplatz bei 1,70 li. zum Schulzentrum; dort an der Einmündung bei 2,25 geradeaus; an der Kreisstraße re. Ri. Triftern/Wittibreut.
15	4,5	Nach kurzer steiler Abfahrt unten li. ab Ri. Schrattental/Aich und dann stets im Aichbachtal bergauf.
16	9,3	Oben bei der Einmündung in die Kreisstraße li. Ri. **Wittibreut**; dort bei 10,40 li. Ri. Tann/Zimmern.
17	13,0	Über die Vorfahrtstraße geradeaus Ri. Zimmern.
18	16,1	In **Zimmern** re. Ri. Godlsham/Pfarrkirchen.
19	20,5	Ca. 300 m vor Godlsham li. Ri. Walburgskirchen; in Bruck nach der Bachbrücke bei 22,40 re. Ri. Immelsham.
20	23,2	Fast am Ende von **Immelsham** nach einer Doppelkurve li., an Bushaltestelle und Fuhrunternehmen vorbei; nach 50 m Kiesstraße; bei 23,70 an der Wegegabelung li. bergab; bei der Einmündung am Waldrand li. bergab.
21	25,2	Im Grasenseer Bachtal re. und bei 25,95 nach einem Sägewerk li. bergauf Ri. Postmünster.
	28,2	Über die Kreuzung geradeaus bergab; nach 450 m li. zum
22		**Schloß Thurnstein**; nach **Postmünster** über die Rottbrücke, 50 m dahinter bei 29,70 re. in den *Kapellenweg* abzweigen, den „Rottalradweg nach Pfarrkirchen“ – nach ca. 300 m li. die
22		**„Hustenmutterkapelle“**.
23	31,8	Am Rand von **Pfarrkirchen** die Vorfahrtstraße geradeaus kreuzen (re. über die Brücke zum Freibad), nach ca. 400 m li. die **„Rennbahn“**; bei der Einmündung in die *Äußere Simbacher Straße* bei 32,70 li.; nach 300 m geradeaus über den Bahnübergang und dahinter li. auf dem Radweg halten; Ende der Tour am **Bahnhof Pfarrkirchen** bei km 33,20; Gesamtstrecke 82,30 km.

Diese Zweitagestour – wer sie an einem Tag fahren und noch etwas unterwegs besichtigen und genießen will, muß sehr früh aufbrechen! – folgt zunächst der Route des Rottalradweges nach Osten, stets entlang der Bahngeleise. Auf Höhe Degernbach fahren wir durch die stattliche **Lindenallee ❶**. Kurze Zeit geht es nach rechts, *3 km*
mitten durch ein ehemaliges Auwaldgebiet – eine bezaubernde Wiesenlandschaft entlang der Rott, die sich kehrenreich durch die letzten Reste an Auwald windet.

Von März bis Ende Juni sollten wir uns hier regelrecht hindurchschleichen, da die Wiesenbrüter unter den Vögeln wie Kiebitz, Rebhuhn oder Brachvogel während ihrer Brutzeit sehr scheu sind.

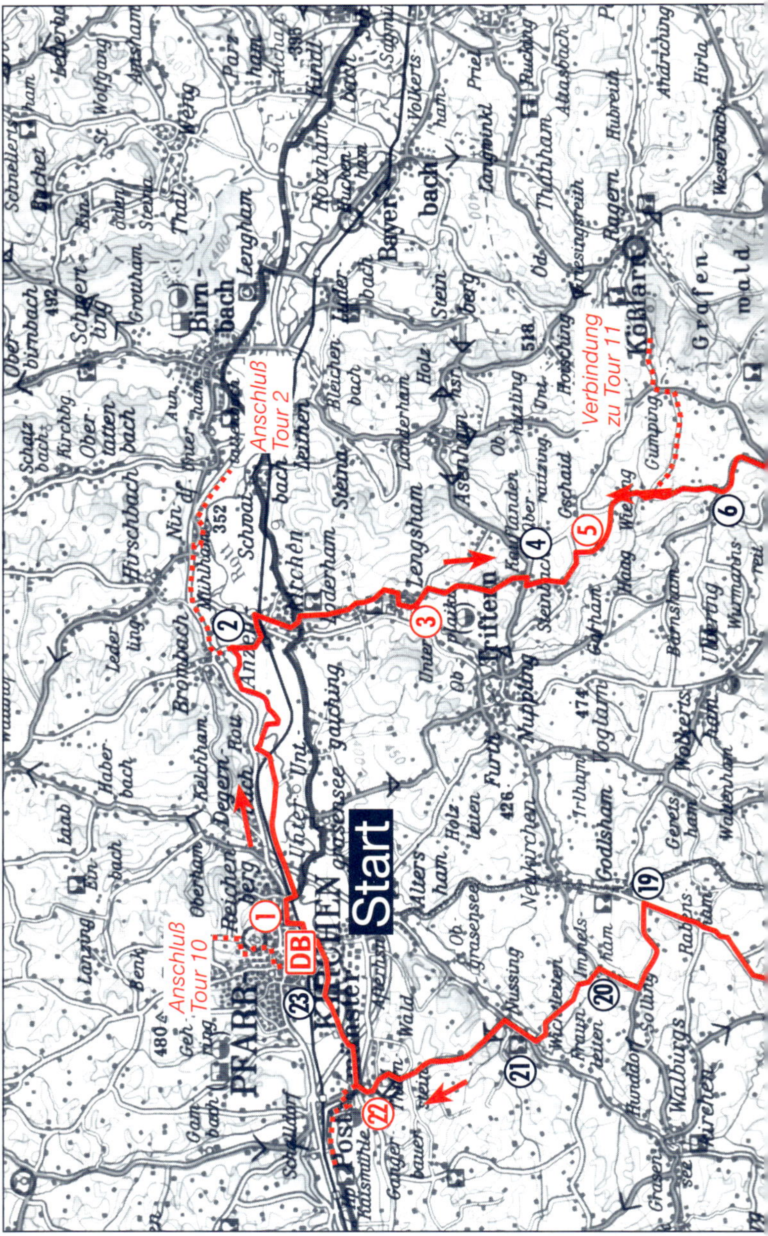
Start
Anschluß Tour 10
Anschluß Tour 2
Verbindung zu Tour 11
PFARRKIRCHEN
Postmünster
Birnbach
Bayerbach
Triftern
Kößlarn
Walburgskirchen
Neukirchen

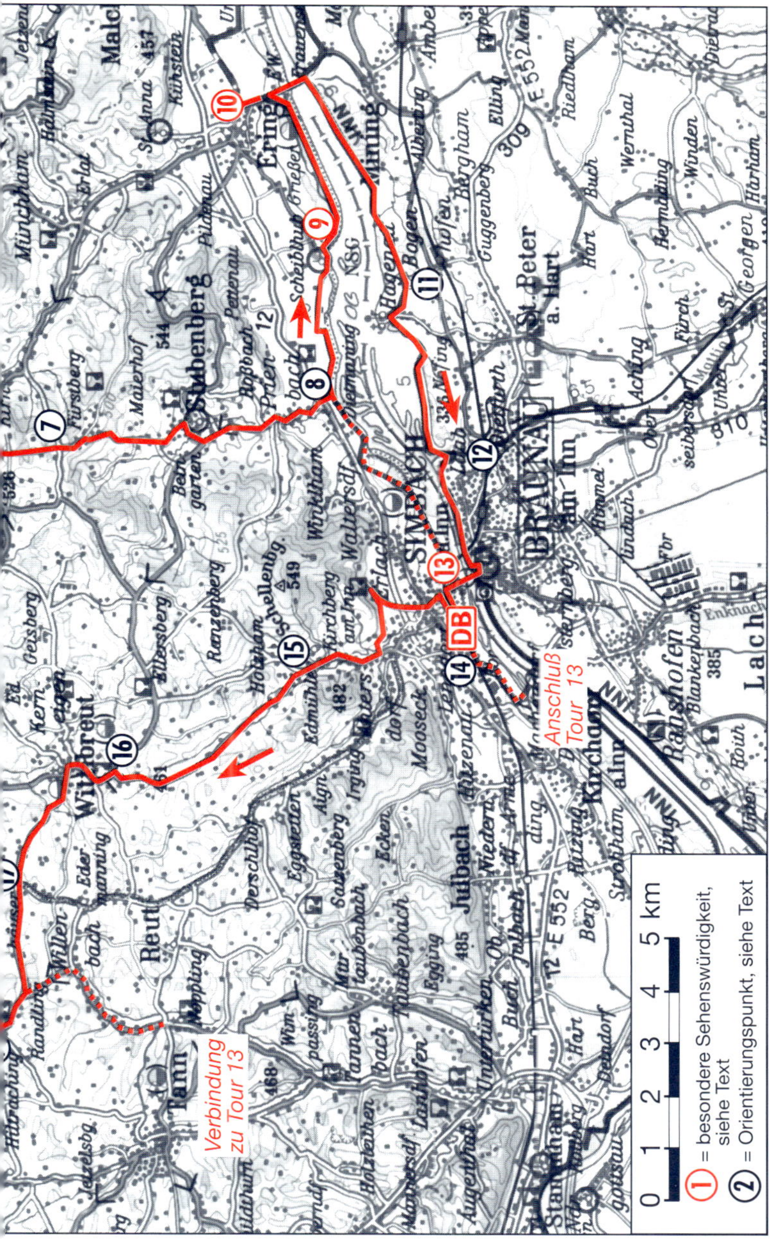

1 = besondere Sehenswürdigkeit, siehe Text
2 = Orientierungspunkt, siehe Text
0 1 2 3 4 5 km
Verbindung zu Tour 13
Anschluß Tour 13
DB
BRAUNAU
SIMBACH
St. Peter a. Hart
Jubach
Wittibreut
Stubenberg
Prienbach
Ering
Reut
Tann
Ranshofen
Kirchham
Malching

Von **Anzenkirchen** an werden die Dörfer entlang der Tour immer kleiner und bäuerlicher. Ob Loderham mit seinem kleinen Schloß,
12 km **Lengsham ❸** mit den herausgeputzten Hausgärten oder Steinbach, Ecking, Wiesing – alle strahlen sie eine souveräne Gelassenheit aus, die ansteckend wirkt.

Natürlich, den Kauflandener Berg hätten Sie sich lieber erspart, er gehört aber zum Programm. Bereits auf erholsamer Höhenstrecke und etwa 300 m nach Pelkering liegt rechts ein Wald, an dessen Ende ein Quellbach entspringt – kaum erkennbar.

Wer sich aber ungefähr 30 m vor dem Waldende durch das Dickicht ins Waldinnere vorkämpft, steht plötzlich vor mannshohen Steinblökken. Teils bemoost und mit Farnen garniert, teils im meist trockenen Bachbett in wilder Schichtung übereinander getürmt: Es sind **Quarz-**
17 km **konglomeratblöcke ❺**, die geologische Besonderheit des Rottales.

In genußvoller Fahrt rollen wir danach weiter über diese waldreiche Hochebene, auf kurviger Strecke ohne Verkehr.

Unmerklich geht es immer noch leicht bergauf bis kurz vor **Fürst-**
23 km **berg**, 180 m über dem Inn. Gleich anschließend kippt die Route steil bergab durch den Fürstberger Wald zum Inntal. Sobald wir den Wald verlassen, öffnet sich der breite Trog des Prienbachtals.

Was für ein Ausblick! Lediglich der Stubenberger Hügel mit der Pfarrkirche oben drauf bricht die durchgehende Horizontlinie. Der Alpennordrand scheint an klaren Föhntagen unglaublich nah. Obstbäume begleiten den Weg nach unten. Nirgends im Inntal werden wir mehr Obstgärten um die Höfe und Dörfer finden als zwischen Stubenberg und Ering.

29 km Nach der Ortsdurchfahrt **Prienbach** stehen wir vor der Wahl: Den Erschöpften empfiehlt sich die Route Richtung Westen nach Simbach – etwa 5 km. Die Hungrigen können sich gleich links beim „Gasthof zur Post" stärken. Alle anderen queren die Bundesstraße 12 nach Osten, kommen auf den „Naturerlebnisweg". Schon
32 km bald sind wir am **Vogelbeobachtungsturm ❾** angelangt. Von oben bietet sich ein erster Überblick über das Thema der nächsten Kilometer: der Inn, die Inseln, der Auwald.

Seit dem Staustufenbau vor 50 Jahren ist der Inn mehr Stausee als Fluß. Die riesige Menge an Schwebstoffen, die der Fluß aus seinem Oberlauf mitbringt, lagert er seitlich ab. Sie werden ihm zu schwer, denn er fließt zu langsam. Das Zwischenergebnis sind Verlandungsinseln, die zuerst von Schilf erobert werden, letztlich setzt sich aber Silberweiden-Auwald durch. Das Endergebnis wird wieder ein durchgehender Auwaldgürtel sein. Bei der Inselbildung entstehen zuerst Flachwasserzonen und Schlickflächen, ein ideales Terrain für Wasser- und Watvögel. Und so verwundert es nicht, daß das gesamte Gebiet bereits in den 70er Jahren als **Wasservogel-Schutzgebiet ❾** ausgewiesen wurde. Je nach Jahreszeit trifft man mehr auf die Zugvögel (Frühjahr, Herbst), auf die Überwinterer oder im Sommer die heimischen Brutvögel. Auf den Dämmen blühen tausendfach die Blumen – Allerweltsarten, aber auch seltene Orchideen und Enziane.

Bevor wir über die Kraftwerksmauer die Grenze nach Österreich überschreiten, können wir links zum **„Informationszentrum Europareservat Unterer Inn" ❿** fahren und uns die Naturschätze dieses Gebietes anhand von Tierpräparaten, Schautafeln, Bild und Ton erläutern lassen. *36 km* Gleich hinter dem Kraftwerk fahren wir wieder in entgegengesetzter Richtung – nur flußaufwärts – auf dem Inndamm zurück nach Braunau. Nach wenigen Kilometern geht es auf die Innterrasse, im Frühjahr vorbei an gelb blühenden Rapsfeldern, an kleinen Bootshäfen und Radler-Raststätten.

Häufig säumen Obstbaumreihen den Weg, einmal auch eine stolze Eichen-Eschen-Reihe, die bereits als Naturdenkmal ausgewiesen ist.

Kurz vor **Braunau** führt uns der Weg bis ganz nah an das Innufer – bereits zu nah, wenn der Inn Hochwasser führt. Kaum sind wir durch das mittelalterliche Tor hindurch, stehen wir auch schon vor dem **Braunauer Fahrradterminal ⓭**, einer Servicestation *47 km* für Radfahrer. Hier findet man Toiletten, Waschanlagen, Schließfächer und ein Gratistelefon, über das sich Zimmer reservieren lassen. Diese perfekte Einrichtung sei allen anderen zur Nachahmung empfohlen!

Nur wenige hundert Meter von hier liegt der **Braunauer Stadtplatz ⓭**, gebaut in traditioneller Innstadt-Architektur. Die besondere Wirkung erreicht der Platz durch die geniale Idee, daß er nach Norden zum Inn und nach Simbach hin offen ist. Damit holt er die Landschaft quasi in den Platz herein – Landschaft bedeutet in diesem Fall den bewaldeten Schellenberg. Die Stadt bietet mit der spätgotischen Pfarrkirche St. Stephan ein Kirchenbauwerk ersten Ranges. Die Altstadt hat noch viel vom mittelalterlichen Charme bewahren können, ohne museal zu wirken.

48 km Braunau entläßt uns dann über die Innbrücke nach **Simbach,** in die kleinere Schwesterstadt. Einer der wichtigsten Plätze in
49 km /0 km Simbach ist der **Bahnhofsplatz** ⓭, symbolisiert durch eine große Dampflokomotive vor dem stattlichen Bahnhofsgebäude. Wichtig deshalb, da Simbach durch die Eisenbahn groß geworden ist.

Der zweite Tourenteil beginnt am Bahnhof in Simbach. Kurz darauf geht es an der Wittelsbacher-Eiche am Stadtplatz vorbei, einem der schönsten Einzelbäume weit und breit. Ebenso einzigartig ist das benachbarte Jugendstil-Rathaus, der Stolz der Stadt. Bei Kirchberg schwingen wir uns erneut auf zur Wasserscheide zwischen Inn und Rott. Die beträchtliche Höhendifferenz von rund 160 m verteilt sich auf 5,5 km, so daß genügend Zeit zum Verschnaufen bleibt.

Landschaftlich entwickelt sich die Fahrt wieder zu einem Erlebnis. Die Themen hier sind Wald und Wasser. Der Wald zieht sich vom hohen Schellenberg herab bis in die Tallagen. Das Wasser drängt aus den Hängen zutage und sammelt sich im Aichbach mit den vielen grünen Wiesen im Tal. Die ideale Urlaubslandschaft für Naturfreunde. Auch hier ist wieder der asymmetrische Talquerschnitt zu beobachten (siehe Tour 4). Oben auf der Kuppe liegt uns dann das Inntal zu Füßen – und bei guter Sicht auch noch der Alpennordrand.

10 km Von **Wittibreut** bis **Zimmern** führt die Strecke durch bewegtes Hügelland, und von den aussichtsreichen Höhen reicht der Blick bis weit in den Süden. Die Kreisstraße nach Godlsham ist sehr erlebnisreich, da sie konsequent der Topographie folgt, die in steti-
20 km gem Wechsel auf und ab schwingt. Noch vor **Godlsham** zweigen wir links ab ins Bruckbachtal, eine grüne Wiesenlandschaft. Es ist wieder ein Landstrich jener Art, wo uns sofort die ländliche Ruhe
23 km einfängt, wenn wir es zulassen. Das Dorf **Immelsham** besteht fast nur aus Bauernhöfen, die sich entlang der Straße aneinanderreihen. Eine kurze Auffahrt leitet über den Berg und läßt uns durch eine Waldlücke hinab ins Grasenseer Bachtal gleiten.

Grüne Talwiesen, viele Bachschlingen und ein intakter Erlenbewuchs an den Ufern charakterisieren eine der schönsten Bachlandschaften des Hügellandes.

Bei „Weiher" müssen wir dann ein letztes Mal hoch hinauf. Gleich hinter der Hügelkuppe taucht links das **Schloß Thurn-** 29 km
stein 22 auf.

Die gelbbraun gehaltene Farbgebung verleiht dieser Barockanlage zusammen mit den roten Rosen einen romantischen Anblick. Die kleine Schloßkapelle im östlichen Flügeltrakt hat ebenfalls viel Atmosphäre und lädt ein zu innerer Einkehr.

Nach kurvenreicher Abfahrt ins Tal und durch **Postmünster** durch empfängt uns wieder der Rottalradweg. Nach wenigen hundert Metern steht links in der Wiese die bezaubernde **„Husten-** 30 km
mutterkapelle" 22.

Der Name kommt daher, daß früher die Mütter mit ihren erkälteten Kindern zu dieser Kapelle gekommen sind und um Hilfe gebeten haben. Auf der Ostseite wird das barocke Bauwerk von einer großen Linde beschützt.

Es folgt ein schönes Teilstück durch die weite Wiesenlandschaft entlang der Rott, bevor wir beim Freibad wieder die Stadt-
grenze von **Pfarrkirchen** erreichen. Nach weiteren 10 Minuten steht 32 km
nur der am **Bahnhof**, der nicht der Versuchung Schwimmbad erle- 33 km
gen ist.

Der Blick über den Zaun: im oberbayerischen Grenzland zwischen Salzach und Inn

Eine erlebnisreiche Tour – zwar bewegen wir uns schon südlich von Niederbayern –, aber als Abrundung des Tourengebietes unerläßlich. Nicht nur die bekannten Städte Alt-/Neuötting und Burghausen, auch das „Streckenfutter" dazwischen wird Sie in den Bann ziehen. Dazu gehören Teilstücke von Inntal- und Salzachradweg und der „Saurüssel" zwischen beiden Flüssen.

Start und Ziel:	*Bahnhof Burghausen*
Streckenlänge:	*64 km*
Steigungen:	*ca. 210 Höhenmeter*
Charakter:	*leicht bis mittel; meist kaum befahrene Nebenstraßen oder markierte Radwege; 1 Anstieg zwischen Burghausen und Marienberg, 1 weiterer nach Raitenhaslach und nach Burgkirchen.*
Wegbeschaffenheit:	*43 km Asphalt, 21 km Sandstraßen.*
Bahnstationen:	*Burghausen, Burgkirchen, Kastl, Altötting, Neuötting, Marktl.*
Verknüpfungen:	*Anschluß zu Tour 14 bei Neuötting (Inntal-radweg), zu Tour 12 bei Niedergottsau (Naturerlebnisradweg).*
Informationen:	*Tourismusstelle Lkr. Altötting, Tel. 0 86 71/50 21 01.*

Nr.	km	Beschreibung
1	0,0	Vom **Bahnhof Burghausen** zur Ampel, dort re. auf den markierten Radweg; am Ende der Einkaufsstraße (km 0,60) erst li., gleich wieder re. über die Ampel; danach stets geradeaus bis zum „Ludwigsberg"
	1,0	An der Ampel vor dem Hotel „Glöcklhofer" geradeaus, nach
2		50 m bergab zur Altstadt – re. ***Abstecher*** zur **Burganlage**; zusätzlich ca. 2 km. Am Stadtplatzende geradeaus durch den

2		Torbogen zur **Gasse „In den Grüben"**; am Ende (km 2,50) beim „Mautnerschloß" re.; am Ende der Altstadt re. bergauf; beim Friedhof (km 3,15) auf den Radweg auf der li. Straßenseite.
3	3,6	Leicht aufwärts und bei der Einmündung über zwei Querstraßen nacheinander (Ri. „Salzhandelsweg"), dann li. auf Radweg stadtauswärts; bei 4,40 auf einer Kiesstraße bergauf in den Wald.
4	6,0	200 m nach dem Wald li. zur **Kirche Marienberg** (ca. 50 m); bei der Einmündung (km 6,30) li. steil bergab; unten an der Vorfahrtstraße re. und nach 150 m li. einordnen; bei 7,00 li. Ri. Raitenhaslach – zum **Biergarten b. „Gasthaus Tiefenau"** bei 7,25 links.
5	8,3	Am Beginn von **Raitenhaslach** li. zur **Kirche Raitenhaslach** (ca. 50 m); nach Umkehr an der Straße geradeaus Ri. Tittmoning (li. zur „Klostergaststätte" mit Biergarten); an der Kreuzung bei 8,95 re. bergauf; bei der Vorfahrtstraße (km 9,30) kurz li., nach 100 m re. ab über die Straße Ri. Oberhadermark; nun stets auf der Hauptstrecke.
6	11,3	An der Einmündung bei der Bahn li., nach 400 m an der Vorfahrtstraße kurz re. und noch vor dem Bahnübergang (km 11,75) wieder li. ab; an der Einmündung re. über die Bahnlinie und nach 100 m li. („Radweg Ri. Burgkirchen");
7	12,7	ca. 100 m vor der Staatsstraße li. ab, vor der Bahn re. auf den Kiesweg und bei 13,40 an der Einmündung geradeaus. Am Rand von **Burgkirchen** bei 13,8 geradeaus; bei 14,1 über die Hauptstraße und auf Radweg nach re. in die Siedlung; 400 m geradeaus, über die Hauptstraße und li. auf den markierten Radweg.
8	15,3	Ca. 100 m nach Beginn der Abfahrt an Radwegekreuzung geradeaus bergab und stets auf „Radweg nach Altötting" bleiben; nach der Alzbrücke bei 16,12 scharf re. bergab und weiterhin Ri. Altötting; ab 16,75 am Bahndamm entlang, bald bergauf.
9	17,5	Oben an der Einmündung re. durch die Unterführung, gleich danach li. kurz bergauf und am Parkplatz der Fa. Hoechst entlang; nun stets auf dieser Strecke bis Kastl.
10	19,8	Am Rand von **Kastl** geradeaus über die Kreuzung, nach 50 m li. am Bahnhof vorbei, bei 20,55 auf dem Radweg in der Rechtskurve bleiben und durch ein neues Wohngebiet; ca. 150 m nach Beginn der Abfahrt bei einer Linde (km 21,15) re. in die *Dorfstraße*, dann an der Wegegabelung links. An der nächsten Einmündung geradeaus, nach 50 m an der Kreuzung ebenfalls und auf der *Feuchterstraße* ortsauswärts, dann bald bergab.
11	23,4	Nach scharfer Linkskurve schräg li. über die Vorfahrtstraße zur Kiesstraße Ri. „Winkler am Holz"; im Hofbereich li. halten; bei 23,9 an der Einmündung/Kreuzung geradeaus auf Asphaltstraße.
12	24,9	In **Altötting** kurz hinter dem Bahngleis li. in die *Oskar-von-Miller-Straße* einbiegen; bei 25,45 weiter geradeaus und auf Höhe des Bahnhofes bei 25,62 re. Ri. Landratsamt; bei 26,00 kurz li. und nach 20 m wieder re. Ri. Rathaus, nach 130 m der **Kapellplatz**; nach 250 m an der Einmündung li. und nach weiteren 70 m re. in die *Herrenmühlstraße*.

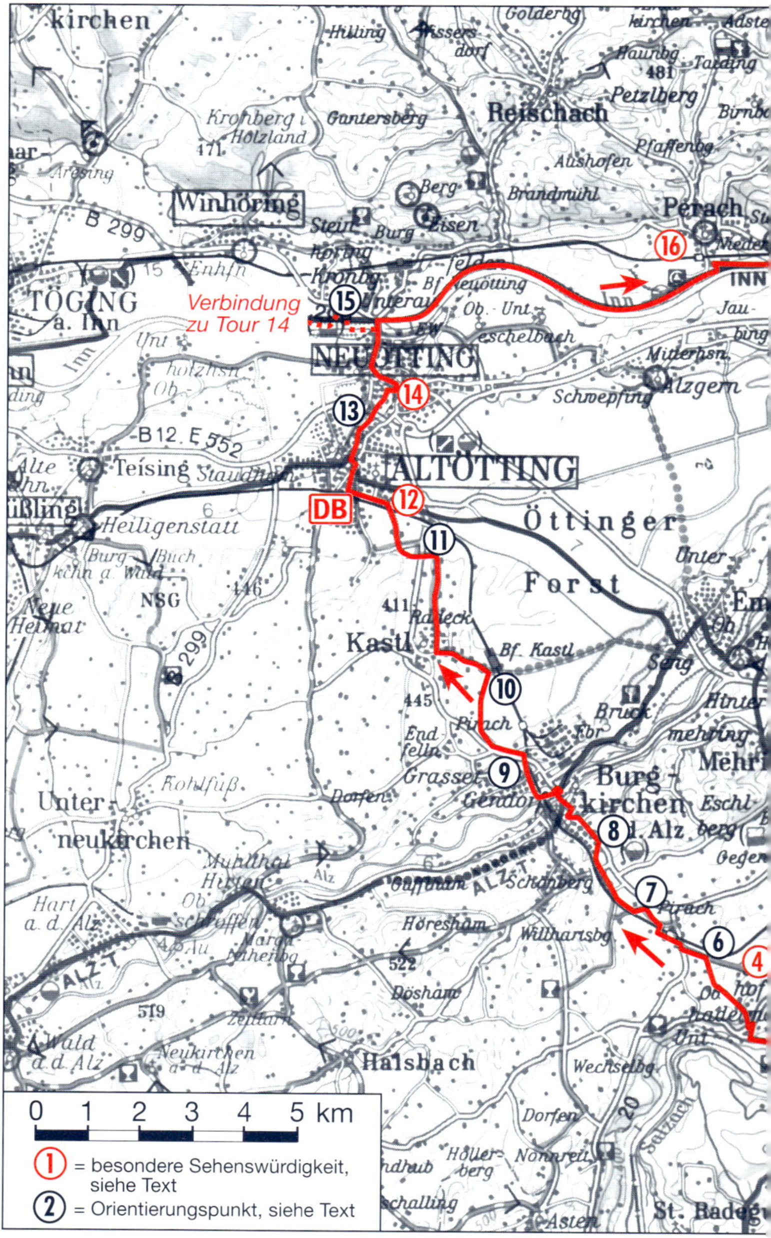

Verbindung zu Tour 14
NEUÖTTING
ALTÖTTING
DB
TÖGING a. Inn
Winhöring
Reischach
Perach
Teising
Kastl
Burgkirchen a. d. Alz
Halsbach
Unterneukirchen
Öttinger Forst
INN
0 1 2 3 4 5 km
① = besondere Sehenswürdigkeit, siehe Text
② = Orientierungspunkt, siehe Text

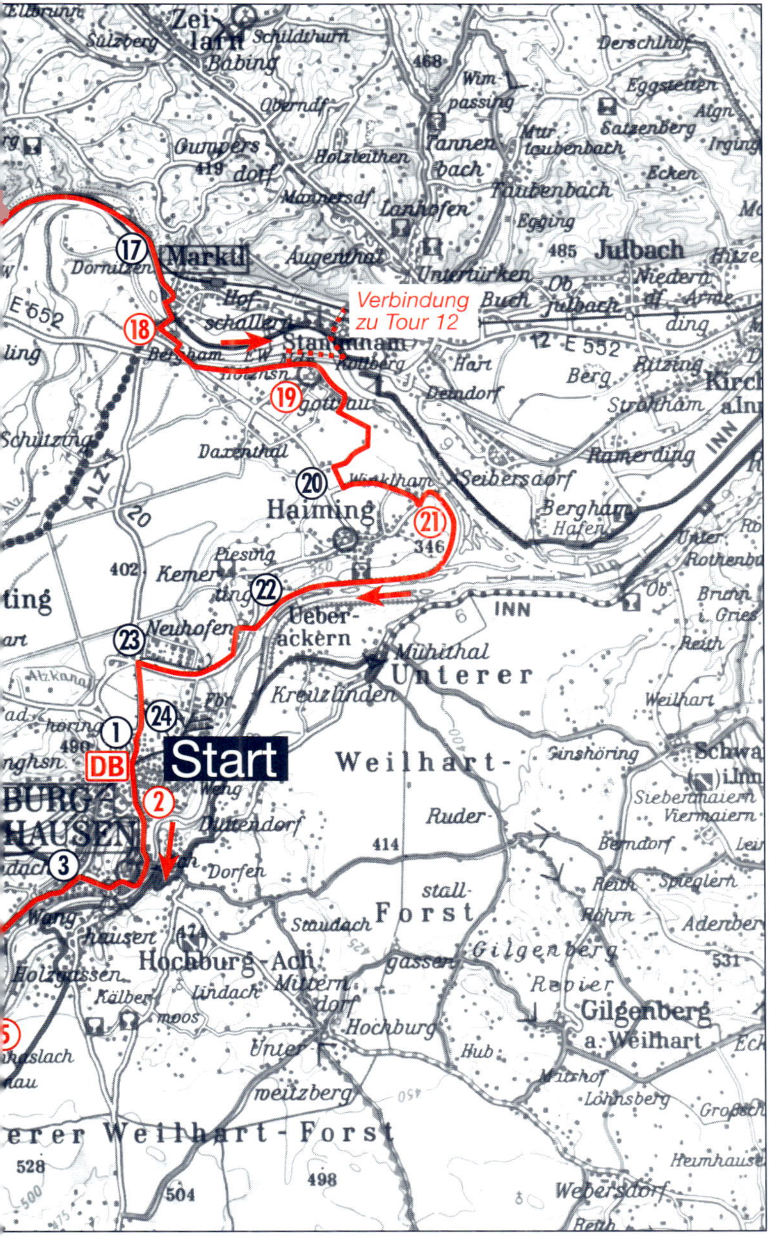
Zeilarn
Schildthurn
Babing
Sulzberg
468
Derschlhof
Wimpassing
Eggstetten
Oberndf
Aign
Satzenberg
Gumpersdorf
419
Holzleithen
Tannenbach
Murtaubenbach
Irging
Ecken
Taubenbach
Mannersdf
Lanhofen
Egging
17
Markt
Dornitzen
Augenthal
485
Julbach
Untertürken
Hof
schalleck
Ob.
julbach
Buch
Niederndf.
Verbindung
zu Tour 12
E 552
18
Stammham
Bergham
Rottberg
Hart
12 E 552
Berg
Ritzing
Kirchdorf a. Inn
Deindorf
19
Gottfau
Strohham
Schützing
Daxenthal
Ramerding
INN
ALZ
20
Winklham
Seibersdorf
Haiming
21
Bergham
Hafen
346
Piesing
402
Kemerting
22
Unter
Rothenbuch
Ob.
Brunn
i. Gries
Ueberackern
INN
23
Neuhofen
Mühlthal
Reith
Unterer
Alzkanal
Kreuzlinden
Weilhart
24
1
490
DB
Start
Weilhart-
Ginshöring
BURGHAUSEN
2
Wang
Duttendorf
Siebenmaiern
Viermaiern
Ruder-
3
414
Berndorf
Dorfen
stall-
Forst
Reith
Spieglern
Staudach
Röhrn
Adenberg
474
Hochburg-Ach
Gilgenberg
531
Holzgassen
Revier
Kälbermoos
Lindach
Mitterndorf
Gilgenberg a. Weilhart
Hochburg
Hub
Unterweitzberg
Witzhof
Löhnsberg
Unterer Weilhart-Forst
528
498
Heimhausen
504
Webersdorf
Reith

13	**27,1**	An der Wegegabel bei der Mühle li. und von Alt- nach **Neuötting** wechseln.
14	**27,9**	Bei der Einmündung in die *Mühlgasse* re. bergauf und nach 130 m (vor dem „Steiner Bierstüberl") li. steil bergauf (schieben) zur *Frauengasse*; geradeaus bis zum **Stadtplatz von Neuötting**, dort li. ab; am Stadtplatzende (km 28,65) re. zum Stadttor und den *Alten Stadtberg* hinabfahren; unten li. und bei Einmündung in die Vorfahrtstraße re. ab (km 28,88).
15	**29,8**	Gleich hinter der Innbrücke re. bergab Ri. „Inntalradweg", unten noch 20 m geradeaus; bald Ri. „Badesee Perach" am Waldrand entlang und stets in dieser Richtung.
16	**36,6**	Am Ende des **Peracher Badesees** bei der Einmündung re. Ri. „Marktl 8 km" halten (bei 38,75 Innstaustufe Perach);
17	**43,3**	Kurz steil bergauf, oben an der Asphaltstraße re. ab (zum Marktler Badesee li. ca. 400 m);
18	**43,8**	30 m nach dem Ortsschild in **Marktl** li. bergauf Ri. Ortsmitte; bei 44,15 am *Marktplatz* re. und an der Kirche vorbei bergab bleiben; bei 44,55 re. über die Innbrücke und auf den linksseitigen Radweg wechseln; nach weiteren 50 m li. auf schmalem Fußweg bergauf; oben bei der ersten Garage re. auf den schmalen Sandweg in die Siedlung und dort bei 45,05 li.; dann geradeaus und in das „alte" **Bergham** fahren – bei 45,30 li. ca. 50 m zur **Tuffsteinkirche von Bergham**; bei 45,50 an Einmündung in die Vorfahrtstraße li. auf den Radweg über die Überführung fahren; dahinter li. auf die schmale Asphaltstraße in den Wald Ri. Haiming.
19	**48,4**	In **Niedergottsau** geradeaus Ri. „Burghausen 16 km über Salzachdamm" – re. ca. 100 m zur sehenswerten **Pfarrkirche**; geradeaus 100 m zu einer echten **Holzkegelbahn**; nach einer scharfen Rechtskurve bei 49,05 geradeaus über die Kreuzung und nach weiteren 250 m li. Ri. „**Naturerlebnisradweg**"; vor einem Trafo bei 50,05 rechts.
20	**51,0**	Nach einem kurzen Waldstück an beiden folgenden Kreuzungen (51,05 und 51,50) li. ab.
21	**52,9**	In **Winklham** erst li. Ri. Burghausen, nach 100 m re. in den *Wiesenweg*; am Ortsrand (km 53,15) re. auf Kiesweg; am Ufer (km 53,50) re. auf den Dammweg fahren und stets auf dem Hochwasserdamm bleiben – bei 55,0 li. Blicke zum **Mündungsdelta am Zusammenfluß von Inn und Salzach** – bei 56,85 nach re. Abzweig nach Haiming durch die **„Schneeglöckerl-Au"** möglich.
22	**59,4**	Über die Vorfahrtstraße geradeaus und nach **Neuhofen** hinein – ***Vorsicht, unübersichtlich!*** Dann li. an der Kirche vorbei; am Ortsende Neuhofen an der Vorfahrtstraße re. auf dem Radweg bergauf; oben an der Raffinerie vorbei.
23	**62,2**	Ca. 500 m nach der Raffineriezufahrt kurz bergab und unten an der Einmündung li. durch die Unterführung.
24	**64,2**	In **Burghausen** auf dem markierten Radweg bis zur ersten Ampel und dort bei 64,30 re. über die Straße zum Bahnhof; Ende der Tour am Bahnhof Burghausen bei km 64,50.

Zu Beginn in **Burghausen** kommen wir durch die *Marktler Straße*, die sich zum Einkaufsboulevard gemausert hat. Eine Abfahrt bringt uns in die Burghauser Altstadt, doch zuvor geht es rechts zur **Burg ❷**, der längsten Deutschlands.

Drei Zugbrücken mußten die Angreifer überwinden bis zur Hauptburg – keiner hat es je geschafft. Es ist ein tiefes Erlebnis, diese fünf Burghöfe zu erwandern bis zur wehrhaften Hauptburg. Immer wieder öffnen sich links Blicke hinab zur faszinierenden Dachlandschaft der **Altstadt ❷**. Auf der rechten Seite liegen der Wöhrsee, der Pulverturm und das Salzachtal.

Der langgezogene **Stadtplatz ❷** ist ein Edelstein der Innstadt-Architektur, stolz rahmen die Häuserfassaden den öffentlichen Raum. Die **Gasse *In den Grüben* ❷** verkörpert die eigentliche Seele der Altstadt. Sie zieht die Burghauser fast magisch an – und nicht nur die. Früher ein bescheidenes Wohnviertel und stets durch die Hochwässer der Salzach bedroht, reiht sich heute Geschäft an Geschäft – meist Boutiquen und Geschenkläden.

Bevor wir die Altstadt wieder verlassen, könnten wir zum **Wöhrsee ❷** fahren, einer ehemaligen Salzachschlinge, die jetzt auch als Schwimmbad genutzt wird (gleich nach der „Kaffeemühle" rechts).
Nach diesem städtischen Beginn führt ein bezaubernder Waldweg nach Marienberg. Auf dem **„Salzhandelsweg"** fahren wir sanft ansteigend in einem herrlichen Laubmischwald höher und höher, bis wir plötzlich am Waldende vor der **Rokokokirche Marienberg ❹** stehen: *6 km*

Ein äußerlich formaler Zentralbau mit doppeltem Turm und spätbarocker Innenausstattung. Viele Schnörkel, viel Stuck und viel Blattgold. Dazu die traumhafte Lage auf einer kleinen Kuppe hoch über der Salzach.

In engen Kehren rollen wir die steile Abfahrt hinunter und müssen dann gut aufpassen, denn das kurze Stück auf der Hauptstraße ist unübersichtlich, und die Autos fahren oft zu schnell.
Auf dem Weg nach **Raitenhaslach** zweigt links die Zufahrt zur **Tiefenau ❹** ab, einem der stimmungsvollsten Biergärten, die ich kenne. *7 km*

Die Tische stehen zwischen Obstbäumen, zur Salzach sind es nur einige dutzend Meter. Raitenhaslach setzt sich zusammen aus der Kirche, der Klosterbrauerei und wenigen Häusern. Die ehemalige **Klosterkirche** ❺ läßt äußerlich nicht erahnen, welchen Reichtum sie innen trägt. Dieser Barock ist angenehm, die Farben sind häufig in dezenten Graublautönen gehalten.

Durch dunklen Wald fahren wir hinauf zur Hochterrassenebene, auf der wir bis Burgkirchen bleiben. Der ausgeschilderte Weg
16 km dorthin verläuft im ständigen Zickzack. In **Burgkirchen** quert man den Alzkanal und auch die Alz selbst, die aus dem Chiemsee entspringt. Noch in der Alzaue schwenken wir auf den Radweg Richtung Altötting ein und fahren wieder bergauf zur Hochterrasse – vorbei an der Fa. Hoechst. Am Waldrand entlang rollt es sich leicht
20 km nach **Kastl** und vom Ortsende an wieder in einer langen und weiten Muldenrinne zur Niederterrasse hinab.

26 km Der **Kapellplatz** ⓬ von **Altötting** ist eine kleine Offenbarung: ein großes, weites Fünfeck mit der Gnadenkapelle in der Mitte. Um die Kapelle herum wurden Kugel-Ahorne im Karree gepflanzt. Endlich einmal kein Pflasterbelag, sondern eine wassergebundene Decke auf dem Platz, weiter außen ruhige Rasenflächen. Den äußeren Rahmen bilden stattliche Kirchen, stolze Gasthäuser und geschmückte Andenkenläden. Der Platz ist verkehrsberuhigt – welche Wohltat.

28 km Wir betreten **Neuötting** ⓮ quasi durch die Hintertür. Von allen Innstädten, die ich kenne, ist sie vielleicht die schönste, wie aus einem Guß. Ein langer Straßenplatz, der sich in der Mitte etwas weitet und sich in leichter Biegung auf einem Geländerücken hinzieht. Hoch oben und damit weithin sichtbar. Überragt wird der Platz von seiner gotischen Backsteinkirche, die wie auch die Landshuter Martinskirche von dem Baumeister Stetheimer errichtet wurde. Man sieht es ihr an.

Durch das mittelalterliche Stadttor geht es dann den *Alten*
30 km *Stadtberg* hinab und bald im Auwald auf dem **Inntalradweg** Richtung Marktl. Ein reicher Uferbewuchs schirmt die Sonne hier noch ab, so daß man selten oder nie ins Schwitzen kommt. Nach 5 km Auwald erreichen wir die Liegewiesen am **Badesee Perach** ⓰. Planen Sie dafür bei gutem Wetter immer Zeit ein, ein Bad in dieser Idylle macht Spaß. Bis zur Staustufe Perach fahren wir wieder am Fluß entlang, jetzt gibt die Sonne aber volle Breitseite. Nachdem wir

die Staustufe umfahren haben, tauchen wir wieder in dunklen Auwald ein, teilweise direkt am Ufer entlang.

Die Alz hat bei ihrer Mündung den Inn quasi an die Wand gedrückt – das heißt, an die Innleite. In die Steilwand haben die Dohlen („Dachln") ihre Bruthöhlen gegraben, es entstand die „Dachlwand".

Nach **Marktl** verlassen wir den Inntalradweg. *44 km*

Das Herausragende am benachbarten **Bergham** ist die kleine, spätgotische **Tuffsteinkirche St. Nikolaus** 18 über dem Hochufer des Inns. Gleich links in der Vorhalle sind einige Totenschädel ausgestellt. Ein bißchen Gruseln schadet nicht. *45 km*

Der **„Saurüssel"** heißt deshalb so, weil der Landstrich zwischen Inn und Salzach auf der Landkarte einem Schweineschädel nicht unähnlich ist. Zwei Naturräume gliedern das Gebiet: die bewaldete Hochterrasse (Burghauser Forst) und die landwirtschaftlich genutzte Niederterrasse – auf der wir gerade radeln. Nur zweimal erreichen die verstreuten Weiler die Größe von richtigen Ortschaften, bei Niedergottsau und bei Haiming.

Niedergottsau: **die Kirche** 19, der Pfarrer, der Wirt. Dazu die **hölzerne Kegelbahn** 19, der Schützenverein und das Skapulierfest (das Jahresfest einer kirchlichen Bruderschaft). Drumherum noch viele Bauern, also fast ganz so wie früher. *48 km*

Haiming: der Fußball, das Sportheim, das Bauerntheater. Dazu die Schneeglöckchenau und vor ganz langer Zeit die Römer.

Abgeschiedener wird die Strecke hinter Winklham, wenn man auf den „Salzhandelsweg" abzweigt. Entlang der Salzach sind mehrmals große Altwässer mit dichtem Schilfbewuchs an den Rändern zu sehen. Wir fahren jetzt entlang dem **Mündungsdelta** 21 von Inn und Salzach, einem bedeutenden Rastplatz für Wasservögel. Im Vorfrühling breiten sich zudem in der Aue weiße Blütenteppiche von **Schneeglöckchen** 21 und Märzenbecher aus.

Hinter **Neuhofen** geht es wieder hinauf zur Hochterrasse, am Mara- *60 km*
thon-Werk vorbei und auf dem Radweg bis **Burghausen**. Nach dem *64 km*
Alzkanal bekommen Sie Kontakt mit den Wacker-Werken, die Burghausen wohlhabend gemacht haben. Nun gehört die Stadt Ihnen …

Von Eggenfelden nach Waldkraiburg – Stadt, Land, Fluß

Mit dieser Tour geraten wir weit nach Südwesten, bis nach Waldkraiburg im oberbayerischen Inntal. Wir durchfahren das Tal des gewundenen Gera-Baches, steigen dann hinauf zur Wasserscheide zwischen Rott und Isen und setzen anschließend die Fahrt im weiten Inntal fort. Mit Mühldorf sehen wir eine typische Innstadt mit mittelalterlichem Stadtkern. Und zum Abschluß wartet dann die junge Stadt Waldkraiburg, wo der bayerische Dialekt ebenso in der Minderheit ist wie in München. Insgesamt wird man sich bei dieser Tour nicht überanstrengen müssen.

Start:	*Bahnhof Eggenfelden*
Ziel:	*Bhf. Mühldorf oder Bahnstation Waldkraiburg.*
Streckenlänge:	*52 km*
Steigungen:	*ca. 240 Höhenmeter*
Charakter:	*mittel; meist kaum befahrene Nebenstraßen; 1 kurzer und 1 langer Anstieg zwischen Mitterskirchen und Wald.*
Wegbeschaffenheit:	*48 km Asphalt, 4 km Sandstraßen.*
Bahnstationen:	*Eggenfelden, Mühldorf, Waldkraiburg.*
Verknüpfungen:	*Anschluß zu den Touren 2 und 10 bei Eggenfelden und zu 13 bei Engfurt.*
Informationen:	*Tourismusreferate Lkr. Rottal-Inn, Tel. 0 85 61/2 02 68; Lkr. Altötting Tel. 0 86 71/50 21 01; Tourismusstelle Mühldorf Tel. 08 31/61 22 12.*

Das „Stadtradl“ am Rathausplatz in Eggenfelden (Touren 2, 10).

Die Hauptburg Burghausen (Tour 13).

Der „Kochhof" im Bauernhofmuseum in Massing (Tour 2).

Nr.	km	Beschreibung
	0,0	Vom **Bahnhof Eggenfelden** li. bergab zur Vorfahrtstraße und dort li.; an der Ampelkreuzung bei km 0.90 durch das Stadttor, nach 150 m re. auf den Stadtplatz – hier Abstecher li. zur
1		**gotischen Pfarrkirche**, 250 m re. Abzweig zum **Rathausplatz mit dem Neustifter-Brunnen**. Auf der Rottbrücke li. einordnen und bei km 1,70 li. ab Ri. **Gern**; weiter Ri. „Rottgauhalle"; am Beginn des großen Parkplatzes bei km 2,45 re. ab in den *Grafenweg*.
2	3,4	Vor dem Kreisverkehr halb rechts zur Unterführung, dahinter wieder li. bergauf auf dem Radweg; bei der Einmündung (km 3,95) re. Ri. Niederndorf.
3	6,8	Bei der Einmündung re. Ri. Hammersbach; bei 7,25 li. ab über die Brücke Ri. Endach; bei einer Bauernhofgruppe bei 7,80 geradeaus auf den Kiesweg, zwischen den Wirtschaftsgebäuden durch; bei der Wegekreuzung bei 8,67 geradeaus.
4	9,5	Bei der Einmündung in eine Asphaltstraße li. ab und nach 70 m die Vorfahrtstraße queren nach **Mitterskirchen**; an der Einmündung bei 9,85 re. und nach 50 m an der Gabelung vor der Kirche li.; nach weiteren 100 m an einer Wegegabelung re. Ri. Sportplatz/Freibad; nun stets auf dieser Straße ortsauswärts.
5	17,0	Bei der Einmündung li. bergauf Ri. Altötting/Wald; nach 500 m re. ab Ri. Mühldorf; an der nächsten Einmündung bei 21,05 li. Ri. Mühldorf; nach weiteren 350 m (noch vor der Abfahrt) li. auf die schmale Straße Ri. Sorbach/Ober- und Unterau.
6	22,5	Bei einem großen Wegekreuz geradeaus auf die Kiesstraße und zum Wald; später am Golfplatz li. vorbei; ab 23,75 wieder Asphalt.
7	25,3	Nach Abfahrt im Wald bei der Einmündung re. Ri. Neuötting/Töging; nach 80 m über die Isenbrücke; bei 26,05 re. ab in den Ortsteil Aresing.
8	28,6	Bei der Kirche in **Erharting** li. abbiegen; nach 100 m wieder re. Ri. Mühldorf; bei 30,0 (bei einer Kapelle mit Lindenbaum) li. in den Ort Maxing.
9	32,4	Bei einer Einmündung nach li. durch die Ortschaft Hart; an der Vorfahrtstraße in Hölzling bei 33,25 li. auf dem Radweg bleiben (auf Trottoir!); nach 300 m re. ab Ri. „Aham 1 km"; in Aham wieder wie ausgeschildert „Inntalradweg" und 150 m nach dem Ortsschild Mühldorf bei 35,40 li. zum Innuferweg abbiegen.
	36,4	In **Mühldorf** vom Innufer bergauf zur Straße; dort die Querstraße und den folgenden Kies-Parkplatz queren bis zur Einbahnstraße; dort li. und nach 70 m an der Einmündung re. zum Stadttor;
10		bei 36,60 durch das Fußgängertor auf den **Stadtplatz** schieben – nach 150 m zweigt re. die *Tuchmacherstraße* ab Richtung **Kirche, Kulturzentrum Haberkasten** etc.; am Stadtplatzende li. und am Stadttor vorbei schieben; bei 37,20 re. in den *Bahnhofsweg* bis zur Hangleite; dort li. bergauf auf dem gewundenen Kiesweg Ri. Bahnhof; oben bei 37,60 kurz li. und dann nach re. die Straße queren Ri. Bahnhof; Ende der Teilstrecke bei km 37,95 am **Bahnhof Mühldorf**.

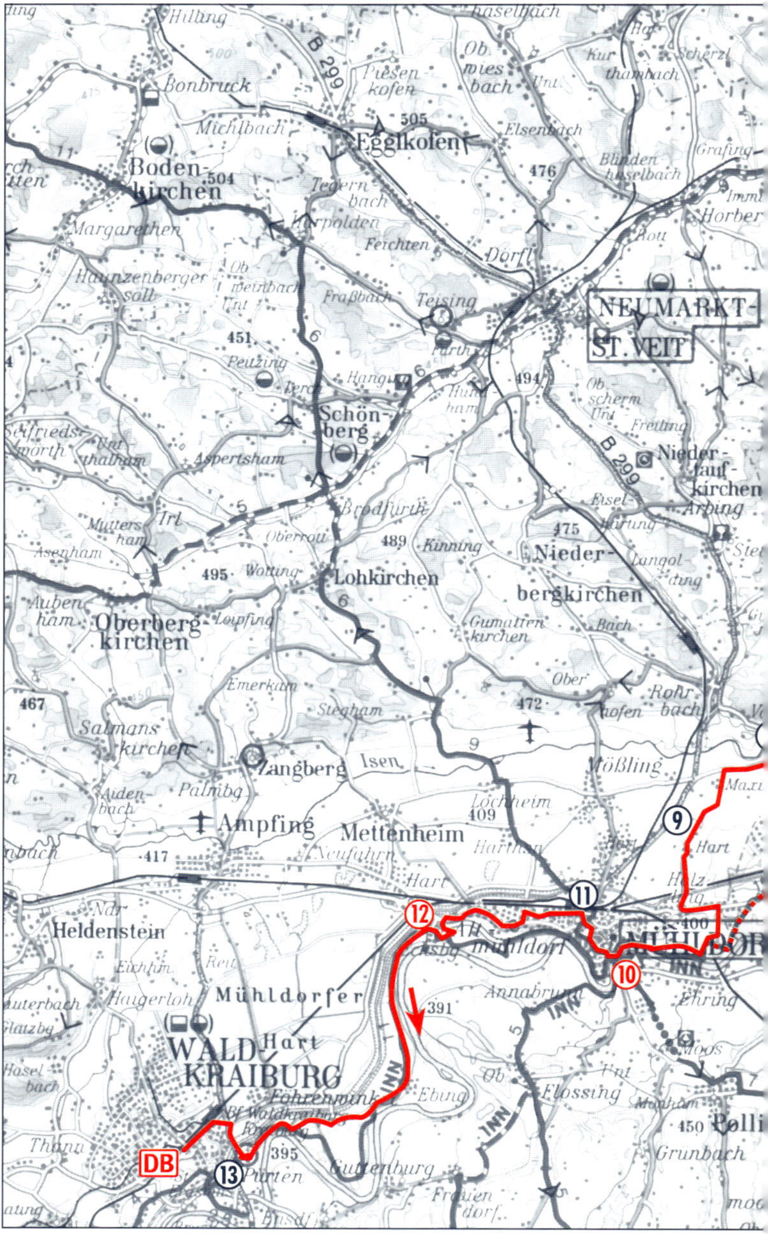
Hilling
B 299
Bonbruck
Piesen-
kofen
Ob
mies
bach
Kur
thambach
Michlbach
505
Egglkofen
Elsenbach
Boden-
kirchen
504
476
Blinden
haselbach
Tegern
bach
Margarethen
Harpolden
Feichten
Dörfl
Horber
Hauzenberger
soll
Ob
weinbach
Unt
Fraßbach
Teising
NEUMARKT-
ST. VEIT
451
Peitzing
Furth
Hangu
494
Ob
scherm
Unt
Freiling
Schön-
berg
Seifrieds-
worth
Unt
thalham
Aspertsham
B 299
Nieder-
tauf-
kirchen
Arbing
Brodfurth
Mutters
ham
Irl
Oberroll
489
Kinning
475
Nieder-
bergkirchen
Asenham
495
Wotting
Lohkirchen
Auben
ham
Oberberg-
kirchen
Loipfing
Gumatten
kirchen
Bach
Emerkam
Ober
Rohr
bach
467
Steghani
472
hofen
Salmans
kirchen
Zangberg
Isen
Mößling
Aiden-
bach
Palmbg
Lochheim
409
Ampfing
Mettenheim
Hart
417
Neufahrn
Hart
Heldenstein
Altmühldorf
400
MÜHLDORF
INN
Eichhm
Reit
Annabrunn
Haigerloh
Mühldorfer
Hart
391
Ehring
WALD-
KRAIBURG
Ob
Ebing
Flossing
INN
Föhrenwinkl
450
Thann
395
Grunbach
DB
Pürten
Guttenburg
Frauen
dorf
9
10
11
12
13

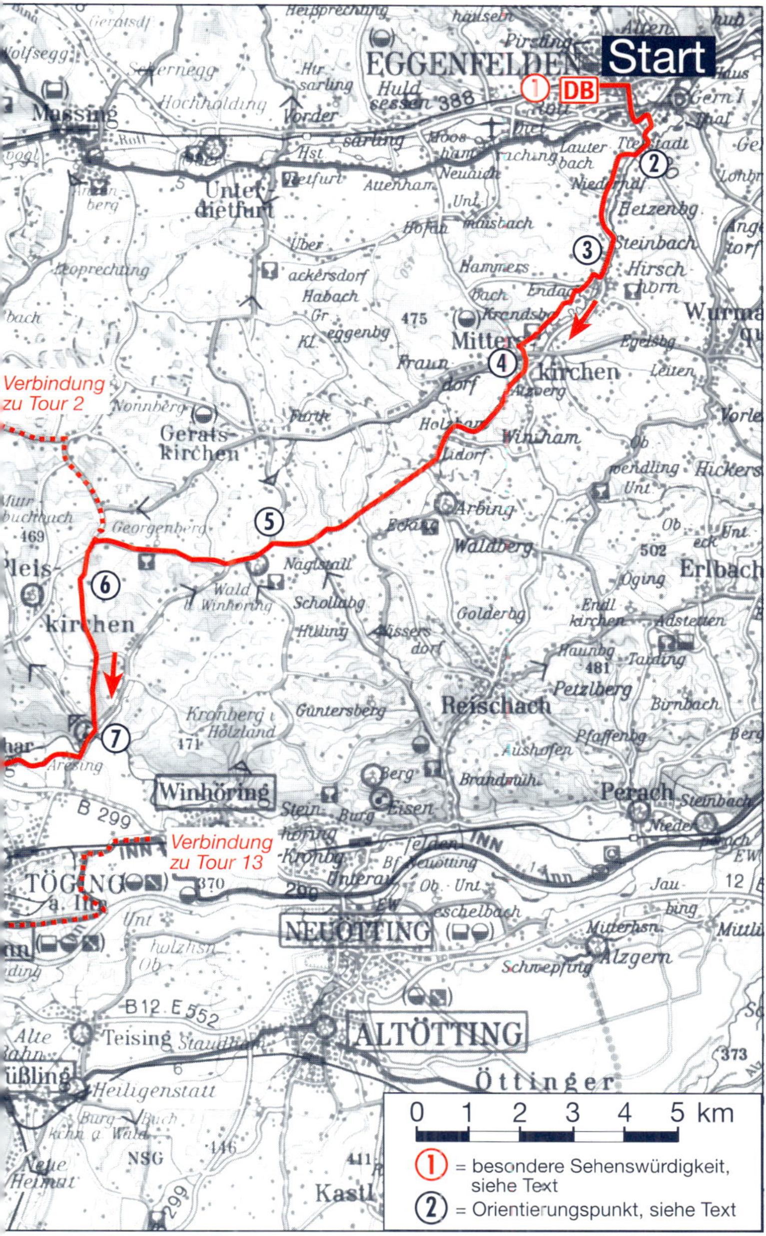
Start
DB
EGGENFELDEN
Massing
Unterdietfurt
Geratskirchen
Mitterskirchen
Pleiskirchen
Reischach
Winhöring
Perach
Erlbach
TÖGING a. Inn
NEUÖTTING
ALTÖTTING
Teising
Heiligenstatt
Kastl
Alzgern
Arbing
Waldberg
Nonnberg
Georgenberg
Hirschhorn
Steinbach
Hetzenbg
Kronberg u. Holzland
Guntersberg
Petzlberg
Pfaffenbg
Aushofen
Eisen
Verbindung zu Tour 2
Verbindung zu Tour 13
B 299
B 12 E 552
388
0 1 2 3 4 5 km
1 = besondere Sehenswürdigkeit, siehe Text
2 = Orientierungspunkt, siehe Text

11	**0,0**	Vom **Bhf. Mühldorf** re. in die *Richard-Wagner-Straße* fahren; nach 700 m geradeaus auf den Rad-/Fußweg an der *Heeresparkstraße*; an der Einmündung bei 1,20 li. Ri. Ampfing und nach 300 m an der *Münchner Straße* rechts.
12	**3,5**	350 m nach dem Ortsendeschild Mühldorf li. ab Ri. Ebing/Ecksberg und gleich hinter der Brücke an der Gabelung li. Ri. Ecksberg halten; in der „Stiftung Ecksberg" bei 3,70 li. zur **Wallfahrtskirche St. Salvator**; dann re. halten und nach einer 90°-Rechtskurve bei 4,10 geradeaus; bei der Einmündung in die Vorfahrtstraße bei 4,45 li.; nun stets geradeaus wie ausgeschildert mit „Inntalradweg" – bei 7,40 „Ebinger-Alm" und Rundgang zu den **Fundstätten von „Ur-Elefanten"**. (12)
13	**12,4**	Am Ortsende von **Pürten** bei der Einmündung re. bergauf (Inntalradweg führt nach li. weiter!); an der Ampelkreuzung bei 13,1 li. Ri. Waldkraiburg auf den markierten Radweg; am alten Bahnhof bei 13,45 li. auf den Radweg; bis zum „neuen Bahnhof" gegenüber der *Berliner Straße*; Ende der Tour am Bahnsteig bei km 14,35; Gesamtstrecke Teil 1+2: 52,30 km.

Eggenfelden kennen Sie vielleicht schon von der Tour 2 durch das Rottal oder von Tour 10, dann brauchen Sie sich nicht mehr lange aufzuhalten. Wenn nicht, würde ich vor allem die **Neustifter-Brunnen** ❶ (auf dem Stadtplatz, vor dem Rathaus und hinter der Sparkasse), die gotische **Hallenkirche St. Nikolaus und Stephan** ❶ und die ehemalige **Hofmark Gern** ❶ für einen Besuch empfehlen.

In Gern haben wir dann auch schon Kontakt mit dem Gera-Tal, das bis Mitterskirchen das Thema vorgibt. Wir benützen einen Weg vorbei an den bäuerlichen Anwesen von Niederndorf, umrahmt von stattlichen Straßenbäumen und einer neugepflanzten Birnbaumallee. Auf Höhe von Hirschhorn wechselt der Tourencharakter, denn wir fahren aus dem eigentlichen Tal heraus auf die Hangschulter. Aufpassen muß man deshalb an einer Hofgruppe nach
8 km 7,80 km, da zweigt etwas versteckt der Kiesweg zwischen den Gebäuden ab. Nun radeln wir auf einer richtigen Genießerstrecke.

Links unten liegt der Gera-Bach, der sich in vielen Windungen seinen Weg gebahnt hat. Dabei durchfließt er mehrere Schilfröhrichte, Streuwiesen und Erlenfeuchtwälder. Diese Vielfalt erfreut das Auge.

10 km In **Mitterskirchen** dreht sich alles um den Sport, und so bildet die Dorfmitte eine Triangel aus Fußballfeld, Rathaus und Pfarrkirche.

Der erste Berg gehört zur Gruppe der „Ärgerberge", denn wir müssen dahinter gleich wieder ins Tal hinab. Dafür hat man oben schöne Ausblicke. Gleich nach der Bauernhofgruppe Lidorf ist es dann soweit: Mit dem Tal verlassen wir auch Niederbayern und beginnen den Anstieg zur Wasserscheide zwischen Rott und Inn. Die Straßenführung wurde perfekt gewählt, verläuft sie doch stets auf dem aussichtsreichen Höhenrücken. Vom vielen Schauen werden wir davon abgelenkt, daß es ständig leicht bergauf geht. Geschafft haben wir's bei dem kleinen Ort **Wald**, der völlig frei auf der Höhen- *17 km*
kuppe thront.

Die alles überragende Backsteinkirche ist schön anzusehen und ein guter Orientierungspunkt. Holzland heißt die Gegend hier – wenn man sich umschaut, wird schnell klar warum. Nach wenigen Kilometern sind wir auch schon beim Weiler Georgenberg. Die weiße Kirche auf einer grünen Wiesenkuppe, daneben ein originäres Bauernhaus mit rahmenden Obstbäumen: ein Ensemble von malerischer Wirkung.

Von nun an geht's bergab. Auf einer ruhigen Nebenstrecke fährt man durch das südliche Holzland bis zu seinem „Absturz" ins Inntal/Isental. Die flache Niederterrassenlandschaft steht in starkem Kontrast zu den bisherigen Hügeln.

Durch kleine Dörfer und auf ruhigen Bauernstraßen erreichen wir
bald den Stadtrand von **Mühldorf** und sind dann schnell am Innufer *35 km*
angelangt. Der mittelalterliche „Inntorturm" markiert den Stadtplatz im Osten. Aber Vorsicht! Der **Stadtplatz ⓘ** ist als Einbahnstraße ausgewiesen, und wir kommen in entgegengesetzter Richtung. Also bitte durch das Fußgängertor schieben und auch auf dem Platz selbst.

Mühldorf ist ein typisches Beispiel für die Innstadtarchitektur: ein mondförmig langgestreckter Platz mit dicht an dicht stehenden, farbigen Häuserfronten, mit langen, schattigen Laubengängen und zwei Brunnen in der Platzmitte. Ob Braunau, Burghausen, Neuötting oder eben Mühldorf, alle wurden nach demselben Gestaltungsraster angelegt. Wer rechts in die Tuchmacherstraße einbiegt, kann noch einen Abstecher zur bemerkenswerten **Stadtpfarrkirche St. Nikolaus ⓘ** machen. Bemerkenswert ist sie, weil sie einen spätromanischen Turm mit einer barocken Zwiebelhaube vereint, weil in der Kirchenvorhalle eine wuchtige Kirchenglocke den Eingang bewacht, oder weil die Kirche innen so dunkel gehalten ist, daß einem Gänsehaut aufsteigt. Dicht neben der Kirche steht die Krieger-Gedächtnis-Kapelle mit der kunstvoll geschnitzten Holztüre. Die Profanbauten stehen den kirchlichen in nichts nach, das zeigt sich gleich nebenan beim **„Haberkasten“ ⑩**. Wie der Name schon andeutet, war das Gebäude anfangs ein Getreidespeicher. Mittlerweile wurde er renoviert und glänzt als Kulturzentrum.

Nur wenige wissen, daß Mühldorf bis 1802 über tausend Jahre eine salzburgische Enklave war. Im Wappen des Landkreises spiegelt sich diese Vergangenheit wider: Der goldene bayerische und der schwarze salzburgische Löwe stehen sich in drohender Pose gegenüber.

Kaum daß wir den Stadtplatz beim „Münchner Torturm“ verlassen haben, schieben wir auch schon den Fußweg zum Bahnhof hinauf. Schattig und kehrenreich geht es durch den Hangwald
38 km nach oben. Schnell sind wir am Bahnhof angelangt und haben den
/0 km Pflichtteil hinter uns. Nach erlebnisreichen 38 Kilometern.

Wer mag, stellt den Fahrradcomputer wieder auf Null und startet zur „Kür“. Kür deshalb, weil Sie hier auch abbrechen und mit dem Zug zurückfahren könnten – tun Sie aber nicht.

Der Weg verläuft schon bald oberhalb der Innhangleite, von wo sich immer wieder Blicke durch die Häuser ins Inntal auf-
4 km tun. Nach Altmühldorf kommt **Ecksberg**.

Wir begegnen der „Stiftung Wohn- und Arbeitsstätte für behinderte Erwachsene“. Vieles von dem, was die Leute dort herstellen, kann man gleich im Laden kaufen: Handwebeteppiche, Keramik, Honig. Oder sehr schönes Holzspielzeug. – Neben dem Verwaltungsgebäude steht die **Wallfahrtskirche St. Salvator ⑫**, eine Barockkirche des gleichen C. D. Zuccalli, der auch die Wallfahrtskirche Gartlberg in Pfarrkirchen geschaffen hat (siehe Tour 10).

Hinter Ecksberg geht es in einen Wald, der hier als Landschaftsschutzgebiet ausgewiesen ist. Dies deshalb, weil in der Nähe
7 km ein Fundgebiet von **Urtier-Skeletten ⑫** liegt. Nach diesem Lehr-

pfad der Paläontologie fahren wir weiter auf einsamer Strecke durch **Ebing** auf der eiszeitlichen Niederterrasse. Bald kommt die Abfahrt auf die noch jüngere, untere Inn-Terrasse, bevor wir bei **Pürten** wieder hinauf müssen. Wenn wir in **Waldkraiburg** an einem Bahnhof ankommen, der aus Backstein gebaut ist, dann sind wir noch nicht am Ziel, denn hier hält schon lange kein Zug mehr. Wir müssen noch weitere 900 m bis zur Haltestelle an der Berliner Straße fahren. Dort gibt es zwar keinen Bahnhof im herkömmlichen Sinn, dafür halten aber die Züge. *13 km*

In Waldkraiburg gibt es noch mehr Sonderbares. Vor allem das allgegenwärtige Hochdeutsch, womit das „Bayerische" in die hinteren Ränge geschickt wurde. Ihre Vermutung ist vollkommen richtig, Waldkraiburg ist eine Flüchtlingsstadt, die erst nach dem Krieg entstanden ist. Sie ist für ihre Größe sehr modern und entwickelte eine dynamische Wirtschaft. Was es hier sonst noch gibt, dürfen Sie nun selbst erkunden.

Ortsregister

Nummer der Tour fett, Bildseite kursiv